O VENDEDOR DE FUTUROS

Nilton Molina: A Trajetória de um Vencedor

Luís Costa Pinto

O VENDEDOR DE FUTUROS

Nilton Molina: A Trajetória de um Vencedor

2ª Edição

GERAÇÃO

Nilton Molina
Copyright © 2021 by Nilton Molina

2ª edição — Julho de 2022

Grafia atualizada segundo o Acordo Ortográfico da Língua Portuguesa
de 1990, que entrou em vigor no Brasil em 2009

Editor e Publisher
Luiz Fernando Emediato

Diretora Editorial
Fernanda Emediato

Assistente Editorial
Ana Paula Lou

Pesquisa
Oswaldo Miranda

Fotos
Arquivo pessoal Nilton Molina

Projeto Gráfico
Alan Maia

Capa
Raul Fernandes

Foto da Capa
Bob Wolfenson

Preparação
Nanete Neves

Revisão
Marcia Benjamim Oliveira

DADOS INTERNACIONAIS DE CATALOGAÇÃO NA PUBLICAÇÃO (CIP)
(Câmara Brasileira do Livro, SP, Brasil)

P659n   Pinto, Luís Costa
         O Vendedor de Futuros. Nilton Molina: a trajetória de um
     vencedor./ Luís Costa Pinto. -- São Paulo : Geração Editorial, 2021.
     304 p. : 15,6cmx 23cm.

       ISBN 978-65-5647-032-0

       1. Biografia. 2. Nilton Molina. I. Título.

2021-3153   CDD 920
                                                   CDU 929

Elaborado por Odilio Hilario Moreira Junior - CRB-8/9949

Índice para catálogo sistemático:

1. Biografia   920
2. Biografia   929

GERAÇÃO EDITORIAL
Rua João Pereira, 81 — Lapa
CEP: 05074-070 — São Paulo — SP
Telefone: +55 11 3256-4444

Impresso no Brasil
Printed in Brazil

sumário

7 APRESENTAÇÃO

OS PRIMEIROS ANOS

35 **Tempos de descobertas**

O TEMPO DO MEIO

71 **Previdência Privada: desbravando a nova floresta**

O IRMÃO ELEITO

145 **Fernando Mota, o parceiro de toda uma vida**

UM TIPO INESQUECÍVEL

163 **Nilton Molina visto da perspectiva familiar**

EPÍLOGO

191 **Uma carta otimista para o futuro**

201 UMA VIDA EM FATOS E FOTOS

301 ÍNDICE ONOMÁSTICO

apresentação

Nilton Molina não é dono de uma personalidade fácil, ao contrário da imagem que sempre guardou de si. Homem de conhecimento enciclopédico, curioso por natureza, autodidata, viveu a infância e a adolescência na bucólica zona Oeste da São Paulo do fim dos anos 1930 até o início dos anos 1950. A partir dali, sempre inventando o que fazer, sobretudo o que vender, e reinventando-se profissionalmente de forma periódica, tornou-se um dos grandes empresários brasileiros na área de seguros de vida e previdência.

Quando decidiu desacelerar — porque jamais parou de trabalhar, de dar sentido produtivo aos dias e semanas do calendário gregoriano, mesmo quando entrou com vigor e lucidez nos entardeceres plácidos dos 85 anos —, encontrou estímulo para sonhar novos projetos e alternativas para o Instituto de Longevidade MAG, e para a *holding* familiar constituída ao longo de sete décadas de trabalho.

"Tendo a escutar os interlocutores, além de ouvi-los", sabe que a técnica se converteu num de seus maiores e melhores diferenciais competitivos como executivo e empresário. E é isso que o torna alguém especial, de personalidade difícil: conversar com Molina é, necessariamente, uma troca de conceitos e opiniões. Erro fatal constituiu-se, sempre, parar diante dele e pedir-lhe uma opinião ou propor algum negócio sem que a ideia original esteja bem assentada e curtida na cabeça do interlocutor. Com capacidade ímpar de concentração, ele o escutará atenciosamente e depois será capaz de, com duas ou três perguntas, acessar o âmago das proposições e expor as maiores fragilidades ou as grandes virtudes de cada projeto. A partir daí, doará o conhecimento empírico amealhado ao longo do tempo em busca de aperfeiçoar o que foi proposto e tentará se transformar em sócio — formal ou informal — da proposição original.

Não conhecia Molina até receber o convite para escrever este perfil biográfico, em outubro de 2020, quando o Brasil e o mundo estavam impactados pela pandemia do coronavírus Covid-19 e sofrendo os reveses que o necessário *lockdown* e as bruscas mudanças de hábitos impunham a todos. Recebi, de pronto, o ótimo acervo histórico e testemunhal que já havia sido reunido por Oswaldo Miranda, profissional encarregado da missão de cuidar da memória do Grupo Mongeral Aegon, e marcamos então uma série de conversas presenciais ou virtuais — no ritmo permitido pelos temores de circulação gerados pela pandemia.

Nessas conversas, sempre intensas e prazerosas, descobri rapidamente a necessidade de me preparar com foco e pragmatismo para abordar cada um dos temas que desejaria esmiuçar. "A vida não nos permite perder tempo. Vamos encarar os problemas, apresentar soluções e partir para outra", ensinou-me Molina desde a primeira conversa. Aqui, a minha missão era apenas organizar a narrativa dos excepcionais fragmentos de memória desse homem que, sem se programar para tal, terminou por se converter num personagem importante pelo qual passou todo o desenho do sistema de previdência privada e social do país e, um pouco também, do mercado de seguros, especialmente dos seguros de vida.

Tecendo uma ampla rede de relacionamentos, sendo instado a colaborar com governos dos mais diversos matizes, abrindo espaços de participação intensa nas associações corporativas da área de seguros de vida e previdência, Molina escreveu com singularidade as páginas de sua biografia. Tive prazer genuíno em traduzir as histórias dele para um relato que, espero, dê prazer e leve informações a quem o ler. Este pequeno livro vale a viagem.

Luís Costa Pinto,
Brasília, verão de 2021.

A manhã de 16 de março de 2020 prenunciava-se inabalavelmente igual à de todas as segundas-feiras dos anos anteriores. Talvez, sem exagero, fosse aquela a rotina de Nilton Molina havia quase duas décadas, desde quando deixou a vida de executivo e passou a se concentrar nos Conselhos de Administração dos grupos empresariais nos quais tinha sociedade e naqueles em que mantinha interesses institucionais.

Por volta das dez horas, chegava ao escritório da rua Líbero Badaró, no vigésimo sétimo andar do número 377, centro de São Paulo. Àquela altura, já havia se exercitado com Glaycon, o *personal trainer* que o acompanhava nos últimos 15 anos, e considerado lidos os jornais *O Estado de S. Paulo* e *Valor Econômico*. Dispunha de meia hora para despachar com sua secretária, Cássia, as agendas e compromissos do dia antes de receber o primeiro interlocutor, que pedira uma conversa pessoal. Em 15 minutos, resolveu as pendências com ele.

Parou e refletiu por alguns instantes, processando o que lera nos jornais e escutara nos noticiários da TV e do rádio, além de cruzar tudo com alertas cautelosos trocados com os filhos, Helder e Monica, e com a mulher, Sara. Achou melhor, então, dispensar o compromisso seguinte. Excesso de prudência? Podia ser. Mas, por segurança, adiou a conversa marcada com um dos netos, o mesmo que o homenageava carregando o nome igual ao seu, e com mais dois outros executivos da empresa de assessoria imobiliária *Binswanger*, empresa da família gerida pelo filho mais velho de Helder. Jovens demais, podiam provocar algum desconforto em relação ao contágio por Covid-19, o coronavírus, agente causador de um incipiente turbilhão de informações — àquele momento, ainda desencontradas — em torno de uma epidemia que se alastrava rapidamente da Ásia à Europa e contaminava com letalidade alarmante justamente as pessoas mais idosas. Às vésperas de celebrar 84 anos, não custava nada precaver-se.

Cuidou, entretanto, de manter o almoço, uma espécie de *brainstorming* de início de semana, com o sócio Fernando Mota e com os companheiros de quase todos os almoços, o Caputo e o Argeu, e mais dois convidados. Agira daquela forma porque desejava ouvi-los sobre o tema, a tal Covid-19, e os impactos projetados nos indicadores econômicos e sociais no Brasil e no mundo, com a confirmação do surto epidêmico. Determinou, contudo, o cancelamento do principal compromisso da tarde. Decidiu não ir à solenidade de instalação da Faculdade de Comércio da Associação Comercial de São Paulo.

Às cinco horas, voltou para casa. Era exatamente o horário marcado para estar na Associação. Faltaria a um típico evento social vinculado a uma agenda de negócios nos quais sempre procurou estar presente. Em qualquer desses compromissos, invariavelmente se convertia num dos polos de atenção das rodas de conversa. Tudo acontecia de forma suave, Molina jamais se furtou a dar vezo ao proverbial espírito livre para expor opiniões sobre todos os assuntos. Calculadamente tímido, só o fazia depois de atrair a atenção dos interlocutores com o gesto singelo (mas, curtido e aperfeiçoado ao longo dos anos como um traço diferencial) de escutá-los com foco e atenção.

Batia nele, naquele momento, um certo medo do desconhecido; não à toa. O desconhecido tinha nome e sobrenome: SARS COV-2, o coronavírus.

Sempre muito destemido, traço de comportamento reconhecido por quem desfrutou de sua convivência nas diversas encarnações profissionais, Nilton Molina recuou.

"Claro que senti medo nos primeiros dias, com as notícias iniciais de contágio por coronavírus. Precisava estudar o inimigo", confessou depois, ao passar retrospectivamente na memória aqueles tempos estranhos dos primeiros dias de março de 2020. "Ninguém sabia nada de nada. Eu tinha de parar, coletar informações, compreender o que estava acontecendo. Tanto para definir como seguir com a minha vida empresarial, quanto para elaborar quais seriam as novas rotinas da vida privada."

O homem que nas seis décadas anteriores fora se convertendo progressivamente num otimista vendedor de futuros — e, em sua teoria, o futuro quando planejado e programado num bom plano de vida e previdência seria sempre melhor que o passado — surpreendeu-se temeroso e imprevidente ante a materialização de um porvir como algo que parecia saído de enredos de ficção científica os quais ninguém levara a sério em projeções.

Era a pandemia.

Molina descobriu-se perplexo ao se ver traçando certa similaridade entre a atmosfera de reclusão e de incertezas das primeiras semanas de pandemia — *lockdowns*, distanciamento social entre seres humanos, uso de máscara e controle frenético da assepsia — e a obra *Admirável Mundo Novo* de Aldous Huxley, um dos clássicos determinantes e basilares de sua formação humana.

"Obriguei-me a ler tudo sobre o coronavírus. Jamais entrei numa briga, numa disputa, num negócio, sem escrutinar o meu adversário, o meu antagonista, o mercado que ia atacar para vencer", explicou ao falar sobre o método adotado para voltar a olhar com otimismo para o horizonte e seguir vendendo futuros. "Não seria diferente com o vírus, com o Covid-19. Primeiro, ele trouxe medo e paralisou a vida pessoal e empresarial. Num segundo momento, obrigou-nos a adaptar rotinas e métodos, em casa e no trabalho. Por fim, assimiladas as mudanças, revelou-se um inimigo que impunha contingências, sim; porém, abria imensuráveis oportunidades no nosso setor: vender futuros, ensinar as pessoas a programarem e planejarem suas vidas."

Pouco menos de uma semana antes, a Organização Mundial de Saúde emitiu alarmes para a "alta probabilidade" de ocorrer uma rápida disseminação da Síndrome Aguda Respiratória Severa (SARS) provocada pelo coronavírus de 2ª geração (COV-2). Pela primeira vez desde 1918, o mundo testemunhava uma pandemia. Entre 1918 e 1920, uma mutação do vírus influenza, causador da "gripe espanhola", alastrou-se rapidamente e contaminou cerca de 500 milhões de pessoas — equivalente a um quarto da população da Terra à época e matou entre 19 milhões e 50 milhões de pessoas. A disparidade entre a contabilidade da cifra mórbida dá cores de tragédia àquela experiência da humanidade.

Nasceu em 1936, quando o Brasil vivia sob o manto de uma ditadura ainda disfarçada de regime presidencialista constitucional e a Europa assistia aos preparativos silenciosos que a mergulhariam na 2ª Guerra Mundial. A Espanha, berço dos avós paternos de Molina, sucumbira a uma guerra civil fratricida. O território espanhol funcionou como teatro de experiências bélicas e artimanhas militares que seriam usados no conflito pan-europeu e planetário logo depois. Nilton Molina não guardava memória ou relatos da gripe espanhola.

"A única coisa que se aproximava do que passávamos a viver, em março de 2020, era a epidemia de meningite do final dos anos 1960, começo dos anos 1970", lembra. "Ainda assim, já tínhamos conhecimento da doença e vacina para ela. Com o coronavírus, não. Era necessário estudar o inimigo, encontrar os flancos dele, atacá-lo e vencê-lo. Até conseguirmos derrotá-lo, teríamos de conviver com aquilo. Prestes a completar 84 anos, restava-me respeitar a força do adversário e seguir vivendo até descobrir as fraquezas do vírus."

A terça-feira 17 de março foi um dia de transição. A agenda de trabalho de Molina foi compactada. Ele desistiu de ir ao escritório, mas manteve um compromisso no conselho da Associação Comercial de São Paulo. Almoçou por lá. Eram poucos conselheiros, a reunião foi encerrada mais rapidamente que o costume e Molina voltou direto para sua casa. Podia-se dizer que o ambiente era razoavelmente controlado ante as incertezas e desinformações sobre o que fazer contra o vírus SARS COV-2.

Na manhã seguinte Helder, presidente-executivo do Grupo Mongeral Aegon, telefonou logo cedo para o pai e anunciou a ordem dada a todos os subordinados, de todos os escalões da empresa: passariam a trabalhar remotamente de suas casas, os escritórios seriam fechados e todas as atividades administrativas e de venda de planos de seguro de vida e de previdência tornavam-se remotas.

Além de recear as consequências da pandemia, as preocupações de Molina, também tinham outra dimensão. A empresa acabara de fazer uma convenção de vendas, entre os dias 9 e 11 de janeiro de 2020, que se revelara um extraordinário sucesso. Mais de 2.500 pessoas — corretores, parceiros de negócio, funcionários e amigos — estiveram presentes. O ápice da reunião, além dos trabalhos de planejamento, palestras motivacionais e as comemorações da tradicional campanha de vendas Galo de Ouro, deu-se quando se apresentou ao mercado a alteração no nome da corporação. Fazer algo assim não é algo trivial do ponto de vista empresarial. Dali para a frente, a Mongeral Aegon adotaria o dístico MAG — M de Mongeral, A de Aegon e G Grupo. Vislumbrava-se um desafio de comunicação, de convencimento e de esforço de divulgação. Tudo aquilo teria de passar a ser empreendido em regime de *home office*.

"Em 48 horas pusemos 100% de nossas vidas *on line*. Eu sabia que conseguiríamos, ele achava difícil e arriscado. Minha formação é em Engenharia Eletrônica. A missão mais difícil daquele dia era convencer o presidente do Conselho, que por acaso era o meu pai, de que daria certo" lembra Helder.

Havia motivo suficiente, e talvez de sobra, para a relutância.

"Duvidei mesmo que fossem conseguir. O negócio de venda de planos de seguro de vida, de previdência, sempre dependera da habilidade do corretor para convencer o cliente de sua proposta. Desde 1966 vivia daquilo e sabia o valor de uma boa conversa pessoal", admite Nilton Molina antes de sorrir gostosamente derrotado. "Convenci-me do contrário. Passada a fase do medo, quando ninguém sabia de nada, nem mesmo do ciclo da doença causada pelo Coronavírus, começamos a quebrar paradigmas: lançando mão de ferramentas que já existiam e que não usávamos direito, como plataformas de reuniões tipo Zoom, Google Meet e até WhatsApp, os corretores descobriram que eles não tinham mais fronteiras e que podiam marcar muito mais do que duas entrevistas por dia. Já em junho, passamos a bater metas estabelecidas para tempos normais."

Era uma versão bem particular do clássico *Admirável Mundo Novo* que tanto impressionou Molina na juventude.

A descoberta dos recursos e das possibilidades dos programas de teleconferências, exponencialmente popularizados quando a pandemia da Covid-19 caiu como um viaduto na rotina da humanidade, foi também o marco de uma derradeira reinvenção de Nilton Molina. Encurtar o intervalo de tempo transcorrido entre o momento que concede a um interlocutor a chance de lhe apresentar uma novidade cujos mecanismos de uso e desenvolvimento desconhecesse até ali, e externar a conclusão de que o "novo" era "admirável", foi apenas a mais aparente das mudanças de Molina na pandemia.

"Se já era um *showman* numa palestra, ao vivo, como sempre foi, revelou-se dono de um domínio pleno das ferramentas. Passou a protagonizar umas duas ou três TEDs por semana", brinca Oswaldo Miranda, jornalista e publicitário, a quem o Grupo Mongeral Aegon confiou a curadoria de sua memória corporativa.

Fundado em 1835 como uma mútua, o montepio da Corte Imperial, no ano pandêmico de 2020 a MAG Seguros era ainda uma das três empresas mais antigas do Brasil em atividade ininterrupta. Se, antes do advento do vírus insidioso e trágico, Molina observava um ritual bem particular antes de suas palestras, em geral trancando-se para estudar temas específicos em quartos de hotéis ou em seu escritório nas horas que antecediam a subida a púlpitos, palcos ou reuniões importantes, as facilidades do trabalho remoto aproximaram-no do lugar que chama de refúgio pessoal: sua biblioteca. Nela, mergulha nos temas sobre os quais é solicitado a falar em *Webinar*, seminários, workshops e reuniões de trabalho com grupos menores — sempre via plataformas de teleconferência. Nas prateleiras, alguma literatura técnica e uma rara coleção de bons livros. Obras completas de José de Alencar, Machado de Assis, Humberto de Campos, Aluísio de Azevedo, Eça de Queirós e Camilo Castelo Branco. Coleções de clássicos da literatura universal — Honoré de Balzac, Victor Hugo, Alexandre Dumas, Leon Tolstói, Fiodor Dostoiévski — também se misturam a textos contemporâneos e a periódicos. Muitos periódicos.

"Graças a Deus, hoje consigo me fechar antes de dar o tom final numa conversa importante, num discurso mais relevante, e até na produção e no planejamento de novas ideias. Estudo temas e leio ou releio meus autores prediletos", explicava Molina na penúltima semana de novembro, antes de se trancar mais uma vez na biblioteca de casa para estruturar o *speech* de fim de ano que faria em um evento. "Sou um autodidata. Não tive formação acadêmica. Do autodidata, exige-se desempenho em dobro: ele precisa provar para os outros, mas sobretudo para ele, que é capaz de dominar o assunto. Estudo os temas técnicos porque preciso compreender cada detalhe de um problema antes de falar ou escrever sobre ele. E a literatura talvez me tenha dado fluência, certamente ajuda nas metáforas que utilizo para explicar de forma talvez simples, as questões complexas de um assunto árido como previdência, cálculos atuariais, curvas de desempenho de produtos etc."

Dizer-se autodidata é a forma simples de Nilton Molina explicar um de seus maiores segredos do sucesso: o foco. Capaz de não só ouvir, mas sobretudo de escutar um interlocutor por horas a fio, desenvolveu a habilidade singular de concentrar a atenção no núcleo dos problemas e dos projetos que lhe são expostos e depois elencar saídas ou mapas do caminho para oferecer soluções. Numa conversa importante, ele se concentra para ouvir o expositor — seja numa agenda de negócios, em um bate-papo familiar ou em diálogos com entes oficiais. Como se estivesse diante de uma ampulheta, tem suficiente paciência para escutar todos os argumentos da outra pessoa que lhe dirige a palavra, percebendo detalhes do que é dito, e esperar que se esvaziem como areia de uma ampulheta. Não é incomum que, enquanto expõe suas ideias e projetos, o interlocutor mesmo identifique incongruências e flancos ante o olhar atentamente inquisitorial de Molina.

Era esse homem que em dezembro de 2020 começava a organizar mentalmente a celebração de seus 85 anos, planejando reunir a família nuclear e os amigos de uma constelação familiar ampliada, construída ao escolher com base na lealdade os convivas de anos a fio.

"Até aqui, tive a vida que quis ter. Errei e acertei, joguei com cacife alto e blefei. Perdi e recuperei. Criei os filhos e vi os netos serem criados, com a minha ajuda e a da Sara também, claro. Sobretudo, vivi e pude estar de pé para deixar algumas histórias bem contadas como legado para aqueles que não conhecerei. Viver o que vivi tem valido a pena."

* * *

Às vezes, paradoxos ajudam a explicar determinadas situações, delinear a história de vida de alguém, realçar o valor e o que há de diferente em determinadas trajetórias. Embora tenha se tornado conhecido pela precocidade com que amadureceu e floresceu no mundo "de gente grande", Nilton Molina terminou por consolidar seu nome no meio empresarial brasileiro como o personagem que mais e melhor pensou o ambiente de negócios do setor de Previdência Privada e Social no país desde os anos 1970, no século XX, até as duas primeiras décadas do século XXI. E Previdência exige tempo para que boas ideias amadureçam e frutifiquem.

"O Molina não acompanha essa legislação *(o chamado 'seguro de massa')*[1]. Costumo dizer que eu sou o passado e o Molina é o presente e o futuro, quando se trata de seguro de vida e previdência privada e social, porque eu me resumo a contar histórias do passado", disse o empresário Mário Petrelli em depoimento gravado no dia 20 de dezembro de 2006 para o Centro de Pesquisa e Documentação de História Contemporânea do Brasil (CPDOC) da Fundação Getúlio Vargas (FGV).

---

[1] Mário Petrelli morreu em 22 de abril de 2020, aos 85 anos, em Florianópolis. (N.A.)

Empresário catarinense radicado no Paraná, Petrelli, entre muitos outros negócios que criou ou tocou na vida, foi um dos "pais" das seguradoras do Banco do Brasil e das seguradoras do Bradesco, e é considerado uma lenda no mercado nacional de seguros. Segue o executivo catarinense radicado no Paraná, definindo sucintamente a forma como via um dos grandes parceiros de negócios e da vida:

"O Molina vem como grande criador da Previdência (privada). Ele vem com tudo aquilo que é o presente e o futuro do seguro brasileiro. A visão estratégica dele está muito mais avançada do que a minha, porque eu já contei o que aconteceu, agora quem pode arrumar o que vai acontecer é ele", frisa Mário Petrelli. *[risos]*.

Em meados da década de 1960, mal entrado na casa dos 30 anos, Nilton Molina começou a observar mais detidamente os jardins dos seguros de Vida e Previdência. Àquela época, o Brasil era, no segmento específico, um terreno árido e pedregoso no qual sobressaíam os pecúlios e montepios. Até 1977, não existia uma legislação que cuidasse das aposentadorias ou pensões privadas dos brasileiros. O tema, tampouco, era preocupação de empresas privadas ou dos cidadãos individualmente. Se não criam na vida eterna, tinha-se a sensação de que acreditavam em uma previdência social financiada pelo estado na qual o erário público bancaria a todos num futuro distante e etéreo. Éramos uma nação de jovens.

Em 1966 foi criado o Instituto Nacional da Previdência Social fundindo todos os antigos Institutos de Aposentadorias e Pensões (IAPs) criados a partir dos anos 1920 como caixas beneficentes. Em 1923 a "Lei Elói Chaves" criou as Caixas de Aposentadorias e Pensões. Em 1931, Getúlio Vargas começou a reestruturação do sistema e determinou a criação dos IAPs. Todos eles eram autarquias federais que absorveram as Caixas Beneficentes. Os Institutos de Aposentadorias e Pensões dividiam os brasileiros por categorias profissionais. Algumas unidades da federação tinham seus próprios IAPs[2].

O INSS — Instituto Nacional de Seguridade Social — da forma como o conhecemos hoje, só surgiu em junho de 1990 com a fusão do Instituto de Administração da Previdência e Assistência Social (IAPAS) com o INPS.

Já no início da década de 1960, a longevidade da vida humana apontava no horizonte e deveria ter encontrado terreno fértil para que prosperassem inciativas de planejamento financeiro.

- Em 1960, apenas 4,8% dos brasileiros (3,3 milhões de pessoas) tinham mais de 60 anos.
- Em 2000, a faixa superior da pirâmide etária representava 14,5 milhões de habitantes sexagenários ou para além disso — 8,5% da população do país.
- Uma década depois, eram já 20,5 milhões, 10,8% do total de brasileiros. Em dezembro de 2020, momento

---

[2] O primeiro Instituto de Aposentadoria e Pensão criado sob o regime getulista foi o IAPM, dos Marítimos, em 1933. Depois disso, dez outros institutos surgiram. O último deles foi o Instituto de Aposentadoria e Pensões dos Ferroviários e dos Empregados do Serviço Público (IAPFESP), em 1960.

em que esse relato biográfico foi escrito, estimava-se que a população do Brasil superava os 212 milhões de habitantes, 14,3% deles — ou mais de 30 milhões de pessoas — com mais de 60 anos de idade.

De forma intuitiva, e até certo ponto desordenada, sem saber exatamente para o lado que apontava a biruta da pista de pouso de ideias e possibilidades existente dentro de si, foi na segunda metade daquele movimentado período — os anos 1960 — no Brasil e no mundo que Molina cruzou sua incipiente biografia empresarial com a necessidade de responder a uma questão: se viver mais é inexorável para o padrão humano de avanço da ciência, como fazê-lo com qualidade e tendo renda capaz de financiar as demandas que virão com uma existência mais longeva?

* * *

Definitivamente, vender planos de renda por morte ou por invalidez, ou mesmo planos de renda por sobrevivência, que seriam resgatados ou começariam a pagar benefícios duas ou três décadas à frente num país orgulhoso em crer em sua juventude e eternidade, significava trafegar na contramão do senso comum. O imediatismo e a aversão à organização sempre compuseram diferenciais competitivos às avessas ao se traçar um esboço do perfil do brasileiro médio. Nos anos 1960, a indústria automobilística emergia como centro da modernização brasileira. Montadoras norte-americanas e europeias, bem antes das asiáticas, instalaram-se em território nacional e converteram seus produtos em vértices do sonho do consumo tupiniquim: a classe média almejava o carro próprio da família. Quem estivesse além dessa linha de estratificação social, comprava já o segundo veículo e diversificava as marcas na garagem.

Sem sombra de dúvidas, aqueles que se dedicassem a vender seguro de automóvel tinham chances de obter mais rapidamente o sucesso empresarial do que aqueles que se dedicassem a catequizar os brasileiros para planejar o futuro e poupar em planos privados de seguro de vida e previdência privada. Planos de saúde privados também desembarcaram por aqui naquele momento. Havia no país uma contagiante certeza de que o futuro seria melhor e firme esperança de que estávamos num jogo de ganha-ganha. Tudo contribuía, além da inflação que já se instalava na economia brasileira, para um ambiente pouco propício à consolidação de negócios no ramo em que Molina terminou aportando, destrinchando, consolidando e vencendo.

"Com todo respeito aos colegas de seguro de automóveis, comercializar 'seguros auto', certamente um produto nobre, que preserva o patrimônio do segurado, era muito mais simples e óbvio do que promover seguros de vida e previdência. Seguros de automóveis atendem a uma clara e expressa demanda, ao contrário dos seguros de vida e previdência, para os quais se faz necessário criar a demanda do produto no imaginário do consumidor. Outra diferença significativa é a duração desses contratos. No caso do seguro auto, os contratos são na maioria das vezes de um ano de duração. Por oposição, no caso de seguro de vida e previdência, os contratos duram dez, 20, 30 ou mais anos. Licenciosamente, mal comparando com agricultura, os seguros de auto se assemelham às plantações de hortaliças, como couve e alface, por exemplo. São plantações de ciclos breves, têm colheitas rápidas, suas comercializações atendem a demandas imediatas. Porém, a cada ciclo, têm de repetir todo o processo produtivo novamente. No caso de vida e previdência, a cultura se assemelha a uma plantação de carvalho: são necessários longuíssimos ciclos de produção, geralmente 30 anos, e uma comercialização difícil, complicada, demorada. O lado positivo desse processo árduo, longo, é que não há necessidade de repetir o plantio a cada novo ciclo de vida. A madeira do carvalho é nobre, bonita, serve para fins diversos e aprimora o sabor das bebidas que são envelhecidas nos barris feitos com ele. Em meados dos anos 1960, descobri que queria me especializar em plantar bosques de carvalho. Demorou mais a dar retorno, mas vingou e não posso reclamar do resultado. Havia maneiras mais fáceis de obter sucesso até mais rapidamente. Mas, não reclamo: tenho sido feliz fazendo o que escolhi, e a vida terminou me dando todo o conforto que busquei."

* * *

UM POUCO DE HISTÓRIA

> A previdência privada, organizada sob a forma de mútuas que, no Brasil, tornaram-se conhecidas pelo apelido de "montepios" (do italiano *monte pietá*), antecedem mesmo a previdência social. A primeira dessas mútuas data de 1835 – era o Montepio Geral de Economia dos Servidores do Estado e nasceu para dar proteção aos funcionários do Império. Pagava pensões às famílias dos funcionários que morressem prematuramente. Era uma organização ligada à Coroa. Traçando parâmetros com os dias atuais, seria uma autarquia. O Montepio Geral perdeu sua condição autárquica com a Proclamação da República, em 1889. Dali em diante, subsistiu como uma entidade de previdência privada sem fins lucrativos. Nos anos 1970, ganhou a sigla "Mongeral" que carrega até hoje. Em 2004, deixou de ser uma mútua. Hoje em dia é uma sociedade anônima de seguros e previdência (e, logo mais à frente, a história do Mongeral vai cruzar em definitivo com a biografia de Nilton Molina).

> Depois do Mongeral diversas outras mútuas foram organizadas sob o guarda-chuva das associações das grandes categorias de profissionais como militares, ferroviários, advogados, administradores e tantos outros. Até 1977, inexistia leis específicas que tratassem da organização dessas mútuas. Elas, ainda assim,

organizavam-se em meio a demandas da sociedade e à revelia do poder público. A Lei 6.435/77 organizou o sistema.

> A partir dessa lei, muitas das antigas mútuas e montepios se fundiram. Alguns simplesmente foram extintos. Outras, ainda, transformaram-se em Sociedades Anônimas muito bem-sucedidas. É o caso, por exemplo, da Icatu Seguros e do Mongeral Aegon.

> Permanecem vivas algumas entidades de previdência privada sem fins lucrativos. A maior e a mais tradicional delas é o GBOEX – Grêmio Beneficente dos Oficiais do Exército – fundado em 1913 no Colégio Militar de Porto Alegre (RS). Em 1966, Nilton Molina comprou um pecúlio do GBOEX, por meio do qual esteve segurado por toda vida. E desde então, também conservou relações de negócios de amizade e respeito com o Grêmio Beneficente dos Oficiais do Exército.

* * *

Ao contemplar o caminho que trilhou em vida, olhando para a trajetória cumprida até ali, o Nilton Molina que estava no limiar dos 85 anos guardava pouca semelhança externa com o garoto nascido e criado na região da Barra Funda, Pompeia e Lapa, bairros da zona Oeste de São Paulo. Sagaz e irrequieto, segundo dos três filhos (único homem) do artesão Alonso Molina, pequeno fabricante de cintos e carteiras de couro, e de Fantina Diniz, Nilton não esperou a conclusão dos estudos para cair na vida e dar rumo ao próprio destino. Começou a trabalhar nas vésperas de completar 13 anos, em fevereiro de 1949, sacrificando assim a dedicação às aulas e as tarefas escolares no curso ginasial (nos idos de 2020 classificado como Ensino Fundamental II) do Colégio Campos Salles, no bairro da Lapa.

"No início dos anos 1990 decidi sair da política e voltar-me de novo para os negócios da minha família: uma seguradora, a Indiana", relembra em entrevista para este perfil biográfico o ex-deputado federal Guilherme Afif Domingos, candidato à Presidência da República pelo Partido Liberal em 1989 que chegou a empolgar determinados setores da sociedade no início da longa campanha daquele ano[3].

"Reconectei-me com Molina, a quem conhecia desde os anos 1960 porque ele foi sócio e depois comprou a corretora de um tio meu, a Augustus[4]. Na retomada de nossa amizade e parceria, o Molina estava empolgado com o foco que dera a seguros educacionais e à forma como decidira mergulhar na venda de planos de previdência."

---

[3] Fernando Collor de Mello (PRN) venceu a eleição depois de disputar o segundo turno com Lula (PT). Afif terminou o pleito em sexto lugar com 3,2 milhões de votos.

[4] Atualmente, Augustus Holding S/A, Augustus Participações S/A e Augustus Administração S/A. Nilton Molina é fundador e acionista controlador dessas *holdings* de participações e de negócios que tiveram origem na sociedade que manteve com Aldo Augusto de Souza Lima e, depois, com a viúva dele, Guilhermina de Souza Lima nos anos 1960. Aldo e Guilhermina eram tios de Guilherme Afif Domingos. Afif se tornou herdeiro da Indiana Seguros, seguradora fundada pelo avô dele em 1943. (N.A.)

E Afif prosseguiu, reproduzindo os argumentos aos quais chama de "Molinescos" e que calaram fundo na alma dele — uma alma de homem de negócios:

"Afif, nosso erro é vender planos de vida que as pessoas compram hoje e não têm perspectiva de usar, porque só usará quem sobreviver aos eventos, contou-me Molina a fim de me convencer a entrar com ele em novas empreitadas. E ele mesmo concluiu, não me dando chance de refletir: *'Não temos seguro de vida. Temos seguro de morte! A morte é um evento da vida, então temos obrigação de criar um produto que o cidadão ou a cidadã pagará em vida para usufruir em vida'*".

Lida nos dias atuais, as teorias típicas das maquinações urdidas pela capacidade reflexiva de Molina parecem óbvias — mas não eram.

"Ele conseguiu inventar um novo ângulo para a gente ver nosso setor, um prisma diferente", crê Afif, celebrizado como o líder da Associação Comercial de São Paulo que modernizou e revolucionou o raio de ação corporativa da entidade.

Algum tempo depois da reconexão empresarial e afetiva com Afif Domingos, Nilton Molina também foi o responsável por colaborar decisivamente com uma das maiores instituições bancárias da América Latina, o Bradesco, para quebrar paradigmas e criar uma empresa de vida e previdência dentro de seu organograma de ação tão complexo quanto uma teia.

Em 1979, encaminhado por Antônio Carlos de Almeida Braga, de quem já era sócio desde 1977 na Atlântica-Boavista Seguros, e depois de longas e extenuantes conversas com o lendário banqueiro Amador Aguiar, personalidade que construiu o gigantismo e a filosofia empresarial do Bradesco, Molina deu uma pausa na trajetória de empreendedor solista que então trilhava de forma competente. Tornou-se sócio da instituição financeira — àquela época, a maior do país — na criação e desenvolvimento de uma seguradora de previdência privada, a primeira a existir no Brasil a partir da Lei 6.435 de 1977. Foi o organizador e principal executivo dessa vitoriosa empreitada (hoje em dia, uma das mais valorizadas empresas de seguro da América Latina).

O período no Bradesco significou uma empreitada disruptiva tanto na vida do banco, que raramente admitia sócios e culturas gerenciais diversas das suas, quanto na do próprio Nilton Molina, que desde sempre, não tivera mais nenhum contrato de trabalho baseado em salário ao fim do mês — e, sim, em resultados obtidos como lucro e/ou comissões sobre as operações realizadas.

"Molina levou para o Bradesco uma cultura de vendas que não tínhamos, e isso é muito forte. Sempre fomos um banco de prestação de serviços. Ele nos legou o espírito de corpo, a cultura do reconhecimento, dos troféus de incentivo ao vendedor na ponta, a proatividade do vendedor sempre preparado para argumentar ante dúvidas e indecisões do cliente", pontua Luiz Trabuco Cappi, ex-presidente executivo do Bradesco e, a partir de 2019, presidente do Conselho Administrativo do banco (apenas o terceiro executivo a ocupar o posto em 77 anos de história da instituição). "A capacidade de Molina extravasava a cadeira em que ele estava sentado, e o *Seu*[5] Amador Aguiar, que o levara para lá, junto com o Braga, soube compreender isso. Não houve uma ruptura entre o banco e o homem que levara toda uma nova área de negócios para lá. Ao contrário, mudou-se o patamar da parceria e foi bom para todos."

O caminho descrito por Guilherme Afif Domingos e Luiz Trabuco para a trajetória cumprida paciente e paulatinamente por Nilton Molina, desde a vida de uma classe média operária emergente na zona Oeste de São Paulo até a consolidação do própria legado para todo o setor de previdência privada e social no Brasil, afasta-o do garoto que aos 13 anos se orgulhava de ter conquistado o primeiro emprego como auxiliar de serviços gerais nos consultórios odontológicos do ambulatório médico do Instituto de Aposentadorias e Pensões dos Comerciários (IAPC), na rua Florêncio de Abreu, centro de São Paulo.

Quem arrumou a vaga no IAPC foi um tio taxista, casado com a tia Maria, a irmã de dona Fantina. A ordem expressa recebida por Molina era entregar à mãe todo o salário recebido, assim como fazia seu pai. Caberia a ela administrar o percentual destinado às despesas da casa e da família, e quanto restaria para despesas livres do filho. O tio taxista tinha como freguês o presidente do São Paulo Futebol Clube, Décio Pacheco Pedroso, que era médico e diretor do ambulatório do instituto dos comerciários. Assim os caminhos

---

[5] "Seu", abreviatura e corruptela carinhosa para o substantivo masculino "Senhor".

foram abertos para Nilton Molina no desconhecido mundo do trabalho. Era preciso chegar às seis e meia da manhã e organizar os consultórios para que os dentistas atendessem a partir das oito horas. Todos os dias, às cinco horas da manhã, com o sol ainda mal nascido, precisava sair de casa na rua Três Pontes, no bairro de Água Branca, para ir até a estação de bondes do Largo da Pompeia. A composição que o deixaria no centro da cidade passava invariavelmente às cinco e quinze. O percurso permitia-lhe mais uma hora de sono até seu ponto final em frente ao Cine Ritz na avenida São João. O cobrador, já velho conhecido, acordava-o um minuto antes da parada. Galgava aos saltos a escadaria do Viaduto Santa Efigênia e chegava ao trabalho.

No primeiro dia de batente, voltou para casa acabrunhado. Envergonhara-se das calças curtas com as quais comparecera ao emprego. Como precisava usar um longo avental, a indumentária soou esquisita e suscitou chacotas no ambulatório. Ao regressar, tão logo viu dona Fantina, pediu que costurasse um complemento nas pernas a fim de transformar a tradicional calça curta usada pelos garotos à época em calças compridas para homens. Claro que foi atendido pela mãe.

"Atropelei a vida e terminei sufocando as lembranças daquela fase", disse Molina a Oswaldo Miranda, publicitário do Grupo Mongeral Aegon, numa das conversas nas quais consolidaram a ideia de traçar um perfil biográfico. "Agora, é preciso parar um pouco e olhar afetivamente para o passado. Compreender de onde saí e saber em que ponto estou, explica muito das opções feitas até aqui."

OS
PRIMEIROS
ANOS

Tempos de descobertas

Nilton Molina completou dois anos como servente de zeladoria nas clínicas odontológicas do ambulatório do Instituto de Aposentadoria e Pensões dos Comerciários, em São Paulo.

"Não era o meu plano de vida. Antes de fazer 15 anos, larguei aquilo e fui ser vendedor", contou ele em duas longas entrevistas dadas ao Centro de Pesquisa e Documentação de História Contemporânea do Brasil (CPDOC) da Fundação Getúlio Vargas[6]. "Vendi tudo o que você possa imaginar, mas eu era um vendedor aplicado. Sempre procurei entender o que vendia. Sem perceber, acabei entrando um pouco nessa área de *marketing*, do produto, da lógica do comércio e do mercado."

A rotina como servente nos consultórios dentários era enfadonha para Molina. Tendo por missão central zelar pela limpeza do local, arrumar os utensílios usados pelos dentistas, esterilizar o material deixado pelo turno da noite, encerrava o primeiro ciclo de trabalho antes das oito horas da manhã. Procurava aviar tudo antes das sete e meia porque dava tempo para se esconder na sala do raio-X e puxar uma

---

[6] Entrevistas concedidas a Christianne Jalles de Paula e Fernando Lattman Weltman nos dias 27/12/2006 e 13/06/2007 dentro do projeto "Funenseg — 35 anos". (N.A.)

soneca até ser acordado pelo primeiro dentista que chegasse. Em geral, lembra ele, o profissional que chegava mais cedo ao consultório chamava-se "Dr. Prado". O prenome escapou pelas frestas do tempo. Era tratado, corretamente, como um aprendiz. Comunicativo e simpático, características que jamais deixou de carregar consigo, fez amizades diversas no IAPC. Demonstrava-se permeável a escutar conselhos, a pedir opiniões dos mais outros."

"Não só ouvia, escutava. Ouvir é passivo. Escutar é devotar atenção. Aprendi ali a agir daquela forma, e talvez a postura humilde, com avidez pela informação, tenha despertado ainda mais interesse e simpatia nos outros."

Uma passagem em específico marcou profundamente o caráter em formação de Nilton Molina. Poucos dias depois de começar a trabalhar, ao manusear um pote de resíduos de intervenções odontológicas, quebrou-o. Recolheu os cacos e os jogou fora, escondido. Ocultou o incidente. Um dos odontólogos, Dr. Joel, encarregado do turno e tido pelo jovem como um de seus mentores, perguntou pelo porta-resíduos. Molina disse que não sabia onde estava e se pôs a fingir que o procurava. À medida que o tempo passava, ele ficava cada vez mais vermelho. Até o momento em que o Dr. Joel interrompeu a falsa busca e, de chofre, perguntou-lhe: "Menino, você quebrou o porta-resíduo?" Molina finalmente admitiu que o quebrara.

"O doutor Joel passou um sermão inesquecível sobre o valor da verdade nas relações e a necessidade de ser honesto em quaisquer circunstâncias", rememorou Molina. "Depois, perdoou e vida que segue; desde que eu tivesse, de fato, apreendido os valores. Apreendi e aprendi."

Ele tinha de sair de casa às cinco horas, bater o ponto no serviço às seis e meia, pegar o bonde no fim da tarde para ir ao Colégio Campos Salles completar o ginasial no turno noturno e só regressar depois das 11 horas noite. Aquela foi, portanto, uma fase em que o convívio e a inspiração familiares começaram a ficar para trás — na memória afetiva dos poucos e intensos momentos em que Alonso, Fantina e os três filhos (Neide, Nilton e Maria Cecília) estavam juntos.

O pai sempre lhe pareceu uma inspiração um pouco inacessível para conversas teóricas sobre a vida e suas implicações. E logo o filho varão descobriu que, para aprender algo com ele, teria de aprender os exemplos a partir da observação. Fez assim, e não se arrepende.

Homem profundamente trabalhador, sempre focado na construção de alternativas de renda para a família, Alonso Molina[7] apostou na vida de artesão. No início da década de 1930, já fabricava em casa os produtos de couro, tinha duas ou três máquinas industriais da época. Porém, com a explosão da 2ª Grande Guerra, em 1939, ficou temeroso com o futuro. Daí, aceitou o convite das Indústrias Trussardi para montar o setor de couros naquela que era uma indústria especializada em passamanaria. Tornou-se gerente industrial da fábrica

---

[7] Alonso Molina morreu em 18 de agosto de 1977.

familiar, depois absorvida pela Companhia Têxtil Karsten. Quando, no final dos anos 1950, a Trussardi decidiu fechar o setor de couro, Alonso recomprou as mesmas máquinas que havia levado para a Trussardi e remontou a fábrica de artigos de couro, em especial os cintos trançados, sua especialidade, como um pequeno negócio no porão da residência familiar, na rua Três Pontes, no bairro da Água Branca. Também se aventurou pela área de pequenas construções e reformas de imóveis, o que não deu muito certo, embora tenha assegurado o suficiente para erguer a primeira casa própria da família. Sem conseguir guardar o suficiente para uma vida confortável, consolava-se por ter cumprido a meta de educar os dois filhos mais velhos. Maria Cecília nascera com problemas neurológicos e demandou cuidados intensos por toda a vida. Nos relatos que gravou para Oswaldo Miranda, curador da memória do Grupo Mongeral Aegon, Molina citou esparsas, mas expressivas, passagens de seu convívio com o pai.

"Sempre excelentes recordações", lembra.[8]

Na primeira infância de Molina a residência da família praticamente tinha por quintal o Parque Antártica, sede do Palmeiras. Alonso associou-se ao Palestra Itália, nome

---

[8] Em razão de suas reuniões como conselheiro da Associação Comercial de São Paulo, Nilton Molina terminou por conhecer Romeu Trussardi, filho do ex-patrão de Alonso. Em meio a troca de impressões e confidências em torno de um passado muito próximo, Romeu Trussardi emocionou Nilton ao fazer rasgados elogios à capacidade de trabalho e à honestidade de Alonso Molina. A passagem ficou registrada na memória do filho do *"seu"* Alonso.

original da Sociedade Esportiva Palmeiras, embora tenha se conservado torcedor do São Paulo Futebol Clube. Nos domingos de jogos no antigo campo do Palmeiras, o pai ia para a geral e carregava o filho com ele. A diversão paterna era xingar os jogadores palestrinos e irritar a galera palmeirense. Em alguns casos, saíam socos e empurrões.

Alonso Molina era bom de briga, além de ser pé de valsa e um copo amigo. Com sangue ibérico nas veias, apreciava vinhos. Numa das casas em que moraram, construiu uma adega destinada a guardar pipas — comprava vinho no atacado — a partir das quais servia o "vinho da casa", nem sempre em módicas garrafas artesanais. Foi embalado pela bebida e atordoado pelas provocações que fazia e recebia na geral do Parque Antártica que Nilton Molina apresentou Alonso, à distância, para a namorada Sara quando ambos eram ainda adolescentes, nos idos de 1952. "Está vendo aquele homem ali? No meio da confusão", apontou Molina. "Sim", respondeu Sara. "É meu pai." A forma inusitada de introduzir o sogro ficou marcada nas lembranças do casal.

Maria Cecília, irmã caçula de Molina, nasceu quando Nilton ainda não tinha completado oito anos e Neide, a mais velha dos três filhos de Alonso e Fantina, chegara aos dez anos. Maria Cecília teve complicações no parto e ficou com sequelas neurológicas que comprometeram toda a sua vida. O evento mudou a rotina dos pais e da família para sempre — tornaram-se mais afetuosos entre si e dedicados à filha.

A partir dali, Nilton começou a trilhar o caminho de solista para dobrar as esquinas e atravessar as encruzilhadas da vida. Não sem antes ancorar-se instintivamente no pacto que o pai e mãe tinham: Alonso cuidava da sobrevivência pragmática da mulher e dos filhos, dava duro no batente, mas tinha uma liberdade até certo ponto incomum à época para quebrar o estresse rotineiro com celebrações fugazes nas cercanias de casa. Fantina era a guardiã dos recursos financeiros e isso Nilton Molina aprendeu cedo.

De certa forma, parceria semelhante terminou sendo pactuada em sua longeva convivência afetiva e conjugal com Sara, a namorada de adolescência que virou companheira de toda a vida. Ao se conhecerem, ela tinha 13 anos e ele, 15.

"Meu pai tinha total tranquilidade e liberdade para montar, desmontar e remontar os negócios dele e definir de que forma a família sobreviveria. Da porta de casa para dentro, era a minha mãe quem mandava. Em minha casa também terminou sendo assim, e isso foi muito bom para mim. Tive sempre total apoio da Sara, mesmo nos momentos profissionais mais difíceis. E ela cuidou dos nossos filhos, e depois dos nossos netos, com uma dedicação rara. Deu tudo certo."

Em seus últimos dias como servente nos consultórios odontológicos do ambulatório do IAPC, antes de fazer 15 anos, Molina descobriu uma serventia alternativa — e não exatamente correta — para a broca dos dentistas. Com ela, desenhou seu nome e de Sara no tampo dos fundos de um relógio e o deu de presente à namorada. Setenta anos depois, a surpresa simples, porém marcante, ainda era preservada com carinho pelo casal. O presente foi uma maneira de amenizar a notícia que daria a ela: largar um emprego com carteira assinada e direitos trabalhistas consagrados, para se aventurar como vendedor comissionado, sem salário fixo, era um desafio que poderia remeter a temores e inseguranças muito vívidos na memória da jovem Sara.

Hélio D'Ângelo, padrasto da então namorada de Molina a quem ela sempre devotou amor verdadeiramente filial, conhecera algumas vezes as agruras da falência financeira. Falira a primeira vez quando uma pequena fábrica de casquinhas de sorvetes foi à lona. Sara ainda contava 13 anos quando precisou ir à luta para ajudar no orçamento doméstico. No início do namoro com Nilton Molina ouviu da mãe, Isaura, insistentes perguntas sobre o juízo financeiro do pretendente. Sem a carteira assinada no IAPC, o papel passado que induzia à percepção de segurança financeira deixaria de existir. O primeiro emprego de Molina com carteira assinada seria também, na prática, o último. Depois do IAPC trabalhou por menos de um semestre na seção de contas a pagar da Quimbrasil, divisão de fertilizantes do Moinho Santista. Era uma espécie de aprendiz de anotador de livro-caixa e sua função se limitava a somar canhotos de notas fiscais à medida que elas eram expedidas. Exasperou-se com a burocracia de planilha e a limitação de horizontes. Decidiu abraçar o ofício de vendedor. "De quê?", perguntavam-lhe. "De qualquer coisa", respondia com brilho nos olhos. Afinal, se fosse tão bom quanto imaginava, venderia qualquer coisa e seria comissionado sobre a produtividade. Intuitivamente, ele descobria ali o desafio ao qual se impôs para a vida.

Em consórcio com o Curso Ginasial, como era possível naqueles tempos, corriam os anos 1950, Nilton Molina iniciou-se em Práticas Comerciais. Depois, fez o curso de técnico em Contabilidade. Bom de conversa, e já então deixando desabrochar o ótimo negociador que viria a ser, o filho de Alonso e Fantina converteu-se em pouco tempo num vendedor razoavelmente competente — levando-se em conta a pouca idade. Sem um empregador fixo, arrumava comprador para qualquer produto que lhe pedissem para passar à frente e comissionava-se sobre o valor arrecadado com a venda. Como estudava à noite, tinha escassa margem de tempo para dedicar às tarefas escolares.

"Desenvolvi o método da concentração total na aula, em sala, e nos exercícios que eram feitos dentro da escola", contava ele, sem sequer imaginar que meio século depois aquele tipo de atitude viraria uma técnica denominada *mindfullness* e disporia até de mentores dispostos a receber boa remuneração para treinar estudantes e executivos na arte de focar em assuntos específicos a fim de colherem o mais objetivo e pragmático dos resultados.

"Era obrigado a resolver todas as dúvidas em sala de aula. Quando precisava pedia ajuda aos professores, não permitia que temas paralelos me desconcentrassem. Por causa disso, provocava involuntariamente a extensão das aulas e a ira dos colegas em razão de se verem obrigados a permanecer em sala além do toque de saída. Por isso, acabei sendo um bom aluno do curso de Contabilidade."

Concluído o período escolar, Molina atendeu a um anúncio de pré-seleção para o Banco Arthur Scatena, instituição que já não existe mais. Foi o primeiro colocado no concurso que selecionaria recém-formados em contabilidade que poderiam fazer carreira no mercado financeiro da época.

"Estavam precisando de um técnico em contabilidade. Ofereceram-me dois salários-mínimos como remuneração de entrada e mais nada. Teria um plano de promoções, que viriam com o tempo. Recusei. Preferi continuar como vendedor. Vendendo o que me aparecia pela frente, eu ganhava em comissões duas a três vezes mais do que aquilo", lembra Nilton Molina. "Tive certeza a partir dali que emprego com carteira assinada podia não ser a minha praia."

Aos 17 anos havia chegado a hora de encarar a primeira experiência efetivamente séria no mundo de quem se propôs a vender de tudo. Em 1953, tornou-se vendedor de uma empresa denominada "O Natal do Lar". Ela vendia uma cesta com uma seleção de produtos natalinos a qual o cliente recebia em casa, nas vésperas do dia de Natal. Como seria muito dispendioso para os clientes adquirirem a cesta de última hora, ela era vendida por meio de prestações mensais antecipadas. Administrando o caixa e o fluxo financeiro ao longo do ano, a empresa ia aos poucos comprando os produtos não perecíveis que comporiam a cesta.

"Fiz um contrato nos fios do bigode com o dono do negócio, um senhor chamado Pedro Leoni. Eu vendia, ele me pagava comissão. Vendia bem, ganhava bem", rememora Molina. "Terminei promovido a gerente de vendas antes de completar 18 anos."

A relação entre ele e o patrão foi muito boa e consolidou no jovem vendedor a certeza de que, no mundo dos negócios, a palavra empenhada não pode ser quebrada. Isso seria determinante mais à frente numa passagem crucial de sua vida.

Ao chegar à maioridade formal[9], em 1954, Nilton Molina já se considerava suficientemente experiente na área de vendas e montou sua primeira empresa — Molina & Rodrigues Representações.

"Olhando para trás, vejo que tinha uma imensa dose de ousadia e coragem para encarar desafios. Com 18 anos, sabia que queria me casar com a Sara, que queria ter o meu próprio negócio, que viveria de comissões e que a minha área era vendas", ri de si mesmo ao se constatar ousado desde sempre.

A sede da Molina & Rodrigues era na rua XV de Novembro, centro da capital paulista. O principal produto representado pela empresa era o Mocotogenol. Com nome esquisito, consistia num pó à base de mocotó de boi que devia ser adicionado ao leite. A fábrica ficava em Limeira, o negócio podia ser promissor, mas falhou no *marketing*: além de fazer

---

[9] No Brasil, 18 anos.

odes ao benefício de "tornar mais forte" quem consumiria Mocotogenol, os vendedores da Molina & Rodrigues tinham em mãos poucas informações técnicas acerca dos benefícios do produto. Àquela época, na relação custo x benefício entre a aparência e o sabor de um aditivo alimentar e os nutrientes e efeitos benéficos para o organismo humano, aparência e sabor determinavam experiências de consumo.

Mocotó é a parte da canela e do pé do boi e é considerado uma das refeições mais saudáveis e nutritivas do mundo. Nesse pedaço do esqueleto bovino estão presentes as cartilagens, tendões e o tutano (parte interna do osso). É justamente nessas partes que são encontradas a maioria das proteínas, vitaminas e minerais. O tutano é uma espécie de usina que as produz, sendo extremamente resistente, pois fornece o sustento de todo o corpo do animal. Por meio do caldo de mocotó consegue-se obter o colágeno, substância de alto valor biológico. A mistura de leite com Mocotogenol tinha aspecto gelatinoso, esquisito, mas fornecia ao corpo humano os aminoácidos essenciais com benefício antienvelhecimento, melhorava o sistema imunológico, a pele, os cabelos, as unhas, os ossos e as juntas. O tutano fornece gorduras saudáveis, vitaminas A, D, E e K, que são poderosos antioxidantes, além de minerais como o zinco, que beneficia o sistema nervoso central, também cálcio, fósforo, o magnésio, sódio e potássio. Nilton Molina e sua equipe não sabiam nada daquilo em 1954 e, consequentemente, não puderam alavancar as vendas de Mocotogenol ecoando os diferenciais competitivos do produto orgânico e natural que vendiam ante os competidores sintéticos que estavam no mercado.

Em poucos meses a Molina & Rodrigues quebrou e Nilton precisou pedir um empréstimo ao pai para quitar aluguéis vencidos e compromissos trabalhistas firmados com os dois ou três empregados que dele dependiam. Alonso Molina acabara de rescindir o contrato com a fábrica Trussardi e vendera uma casa na rua Três Pontes para comprar outra na avenida Pompeia. Logo, tinha como antecipar para o filho o montante calculado em 2020, 66 anos depois, como algo em torno de R$ 50 mil. O empréstimo foi pago rapidamente, em poucos meses, sem juros ou correção, claro.

Irrequieto e tendo conseguido escapar do serviço militar obrigatório, passando à reserva de contingência, Nilton voltou à roda viva dos negócios de vendas como autônomo comissionado. Naquele período vendia terrenos para a Companhia Piratininga, seguros individuais para o Instituto de Previdência e Assistência dos Servidores do Estado (IPASE), livros da Enciclopédia Delta Larousse e novamente cestas de Natal à prestação.

"Vendia de tudo. Parava aqui, ali, e vendia alguma coisa", contou Molina em seu depoimento ao CPDOC da FGV. "Nunca soube exatamente como seria o dia de amanhã. Desde os 15 anos fui autônomo. Quando me casei, e casei muito garoto, estava trabalhando numa pequena empresa de propaganda. Era um contrato de autônomo, sem carteira assinada."

Em meio a um processo quase caótico de trabalho, foi mergulhando mais a fundo no sistema de venda antecipada com sorteio — semelhante àquilo que fazia nos tempos de

"O Natal do Lar". No início de 1957, aceitou um convite para gerenciar as vendas de outra empresa, dessa vez denominada "Cesta Júnior", sediada em Rio Claro, no interior de São Paulo. O carro-chefe era o mesmo da cesta "O Natal do Lar", ou seja, venda com recebimento antecipado para entrega do produto natalino às vésperas do Natal. Uma vez mais, o negócio revelou-se insustentável e Nilton Molina decidiu desfazer o acordo com o representado. Descobriu que a saúde financeira da "Cesta Júnior" era muito frágil e que não havia dinheiro sequer para pagar as comissões devidas a ele. Recebeu em produtos: uma *scooter* Lambreta, uma geladeira Clímax e uma máquina de lavar roupas. A *scooter* foi trocada com o cunhado, Nélson, casado com Neide, a irmã mais velha de Molina. Com o apurado na venda da lambreta, comprou a prestações móveis de quarto de casal — tudo ficou cuidadosamente depositado na loja, inclusive a geladeira e a lavadora de roupas, até o casamento com Sara, dois anos adiante. Era a segunda queda profissional. Molina, porém, dera um jeito de transformar o tropeço em investimento pessoal no futuro próximo e programado.

Disposto a testar outras possibilidades para construir e sustentar o patrimônio da família que pretendia comandar, o noivo de Sara decidiu testar o setor gastronômico e fez um intervalo na rotina de vendedor de quase tudo.

"Fui trabalhar no restaurante de um húngaro chamado Lajos Bujas, que saiu de Budapeste fugindo do regime comunista", explicou. "Cuidava do caixa, das compras, e novamente recebia comissão sobre o movimento."

A rotina era puxada, das nove horas manhã às duas horas da madrugada seguinte. Era um restaurante até certo ponto sofisticado, chamava-se Europa. Localizava-se na rua Dona Veridiana, em Higienópolis. Servia pratos eslavos, da culinária do leste europeu. O dono, que chegou a ser empresário na Hungria, tinha razoável conhecimento para vinhos e uísques e um ódio vertiginoso ao comunismo e às ideias socialistas de Karl Marx, Leon Trotsky e Vladimir Lenin. Impetuoso, conseguiu inculcar as duas coisas em Nilton Molina — as formas de reconhecer e apreciar bons rótulos de uísque e a aversão ao ideário socialista. Juntos, por inspiração do dono do Europa, chegaram a fundar em 1956 um tal de Movimento Anticomunista Brasileiro. Molina tornou-se também redator dos panfletos da célula de luta política.

"Era uma aventura, perda de tempo. O húngaro era até meio vigarista. Quando percebi que aquilo consumia energia demais, e que me prejudicava no foco dos negócios, pulei fora. Logo depois, saí do restaurante e reativei as minhas atividades de vendas. Elas estavam adormecidas."

O reencontro com a vocação de vendedor nato só se daria depois de um flerte com o mundo da publicidade. Ao deixar o restaurante Europa, Nilton Molina foi trabalhar numa agência de publicidade chamada Maria Salles Propaganda. O nome da empresa não era coincidência ou singela home-nagem a uma das grandes vozes da Rádio Nacional à época, Maria Yara Salles, ou simplesmente Yara Salles, cantora e atriz de radionovelas. A agência se dedicava a promoções publicitárias com sorteio de prêmios e a atividade só era autorizada pelo governo federal para quem detivesse uma carta patente emitida pelo Ministério da Fazenda. A atriz recebeu uma dessas cartas patente e, de alguma forma, disponibilizou-a para o proprietário da agência de publicidade sendo comissionada pelos resultados.

"Essa era a especialidade daquela pequena agência", disse Molina no depoimento dado ao CPDOC da FGV. "Quem quisesse promover um sorteio, ou mesmo um concurso, teria de chamar quem tivesse carta patente para executar a propaganda. Nós fazíamos campanhas baseados nisso. E eu aprendi muito — afinal, a propaganda era mesmo a alma do negócio."

O que Nilton Molina aprendeu naquele estágio da vida foi redigir textos com técnicas publicitárias. Ou seja, peças diretas, objetivas, que vendessem uma ideia a um cliente em potencial e elevassem o desejo de compra dos produtos — o talão ou canhoto de um sorteio, um anúncio, um *spot* de rádio ou a inscrição em um concurso, por exemplo, o que quer que fosse suficiente para capturar a atenção dos leitores.

Na agência, o dono, de cujo nome Molina só fixou o sobrenome — Braga, "senhor Braga" — era um exímio redator. Criativo, porém lento, estimulou a que o jovem vendedor escrevesse.

"Sobretudo, ele me ensinou que quanto mais eu lesse, melhor escreveria. Como já havia lido com avidez os clássicos da literatura brasileira e portuguesa, sobretudo

José de Alencar, Machado de Assis, Jorge e Aluísio de Azevedo, e Eça de Queirós, claro, dei-me bem na função", rememora. "O Sr. Braga era um esteta, quase um filólogo, e perseguia a perfeição no texto. Eu era apressado (como sempre fui) e sabia que tínhamos de atender a prazos para obter sucesso nos negócios. Então, fiz um pacto com ele: passei a redigir os anúncios, os contratos, os reclames, as chamadas e as submetia a ele. Mudava uma coisa ou outra, mas controlava os prazos."

A parceria entre Molina e Braga, entre 1958 e até o início dos anos 1960, foi um sucesso para a Maria Salles Propaganda e para os clientes, entre os quais o Baú da Felicidade. O Baú era uma espécie renovada e ampliada das cestas de Natal do passado recente — um produto que seguia a mesma lógica de venda antecipada com sorteio de prêmios. O Baú da Felicidade era representado por um conjunto de brinquedos a serem entregues, como as cestas, nas semanas que antecediam o Natal. Ancorado nas propagandas e nos materiais dos sorteios redigidas por Nilton Molina e, depois obviamente, na genialidade do comunicador Silvio Santos, o Baú se tornou objeto de desejo da classe operária emergente de São Paulo e do Rio de Janeiro. Logo após ter sido lançado, Manoel da Nóbrega e Silvio Santos terminaram por assumir o Baú da Felicidade. Não foi exatamente uma compra: Manoel da Nóbrega aceitou o Baú como pagamento de dívidas que o dono original da empresa tinha contraído com ele em razão de compra de espaços publicitários em seu programa de rádio.

As ações de promoção daquela cesta turbinada fizeram com que o mercado de varejo olhasse diferente para a forma de trabalhar da Maria Salles e, particularmente, do jovem Molina. Uma das mais sofisticadas lojas de artigos masculinos de São Paulo àqueles tempos, a Casa Fausto, contratou a agência para uma promoção das canetas Sheaffer. Eles eram os representantes da marca no Brasil. Naquela época, canetas esferográficas eram um produto novo e as canetas--tinteiro seguiam tendo lugar de destaque no imaginário popular. A Sheaffer era marca de luxo que conferia *status* a quem as possuía. Molina criou a promoção com base em sorteios de prêmios, redigiu uma série de peças promocionais e a campanha da Casa Fausto rapidamente se popularizou.

Atraído pelos ecos da promoção de canetas Sheaffer, em meados dos anos 1960, o comerciante de tecidos Eron Alves de Oliveira bateu à porta da Maria Salles e lançou um desafio a Nilton Molina: pretendia converter o segundo aniversário de seu pequeno negócio numa oportunidade para se tornar mais conhecido no centro de São Paulo. O vendedor de tecidos evoluíra de bancas de camelô para pequenas lojas itinerantes alocadas transitoriamente no térreo de edificações que seriam demolidas no processo de modernização do centro de São Paulo.

"Ele alugava um buraco na parede e se instalava como camelô mesmo, com microfone nas mãos, vendendo cortes de tecidos. E foi crescendo, ganhando musculatura, e se tornou a Eron Tecidos", contou Molina ao CPDOC. "Para dar um salto, resolveu contratar a Maria Salles

Propaganda por causa da campanha da Casa Fausto, da caneta Sheaffer, e decidiu me pedir uma campanha de vendas para celebrar o segundo aniversário da sua loja formal, na rua de São Bento, centro de São Paulo, numa promoção alicerçada com prêmios.

Nilton Molina já estava casado com Sara (mais adiante, no capítulo sobre a família, contam-se os detalhes dessa relação de uma vida inteira) e cursava o primeiro ano da faculdade de administração, à noite, na Escola Superior de Administração de Negócios (ESAN) da Faculdade de Engenharia Industrial (FEI). Durante as aulas de uma das disciplinas do curso caiu-lhe em mãos um texto com a fabulosa história da Fuller Brush, indústria de escovas fundada em 1906 por Alfred Fuller no porão da casa da irmã dele em Sommerville, Massachusetts (EUA). Conhecido como o homem que inventou a venda porta a porta, de maneira estratégica e organizada nos Estados Unidos, depois exportando o modelo para todo o mundo, Mr. Fuller não escondia de ninguém que a entrevista com o cliente e um bom planejamento eram a alma do negócio de todo vendedor que pretendesse quebrar paradigmas. Em 1968 a Fuller Brush foi adquirida pela Sara Lee Corporation e, meio século depois, em 2018, integrava o portfólio de um fundo de investimentos e de gestão avaliada em pelo menos US$ 10 bilhões.

O curso de administração e *marketing* seria interrompido mais à frente, logo no início do segundo ano, mas a lição de escutar o *briefing* do cliente com audição canina e olhar em torno dele, 360°, para analisar necessidades e oportunidades ocultas na entrevista marcaram-no para sempre. Além disso, e talvez como lição central deixada pelas dicas pragmáticas da Fuller Brush, que ensinava passo a passo a importância de se montar e treinar uma eficiente equipe de vendas no sistema de porta a porta, foi aquele o coração da estratégia exposta desde aquela primeira conversa com o novo cliente.

"Na segunda ou terceira reunião de trabalho de preparação para a campanha do segundo aniversário da loja, Eron parou e falou: 'você faria um plano diferente para o meu negócio crescer?'. E eu fiz", contou Molina ao CPDOC da FGV. "Eu era excelente aluno de Metodologia, a disciplina de Organização & Método dos dias atuais. Transformei aquele pedido na oportunidade que passava à nossa frente num cavalo selado.

Com brilho nos olhos, Nilton Molina retornou à sua casa — na verdade, um pequeno conjugado no rés do chão na rua Caraíbas na Vila Pompeia, onde morava com Sara e Helder, o primeiro filho, recém-nascido — e anunciou para a mulher: "vou me trancar no quarto. Toque tudo. Só saio com um projeto pronto e completo". Atracou-se com uma velha e estimada Remington manual e pôs-se a teclar na máquina de escrever. Vez ou outra, tirava o papel do carro da máquina e desenhava à mão linhas de fluxograma. No curso de um fim de semana, criou todo o planejamento do que viria ser o Erontex da Sorte. Consistia na venda antecipada de um corte completo de tecido para confecção de um terno masculino, com sorteios intercalados para aqueles que estivessem em dia com as mensalidades do seu programa de pagamentos. Ao fim de um ano, o detentor das 12 mensalidades pagas fazia jus ao seu corte de tecidos.

Aos olhos contemporâneos, parece pouco. Aquele planejamento, contudo, significou a abertura das portas da fortuna e da oportunidade para Nilton Molina.

"Lançamos o Erontex da Sorte em 10 de janeiro de 1961. Naquela época, apenas uma loja vendia ternos masculinos prontos em São Paulo. Chamava-se A Exposição. É necessário lembrar que, naquele momento da história de nossa sociedade, todos os homens, não importando o estrato social ao qual pertencessem, mandavam fazer ternos em alfaiates e os usavam para ir ao trabalho, ao cinema, nos passeios dominicais. Os operários iam trabalhar de terno, tiravam-no nos vestiários para pôr os macacões, e depois tornavam a botar o terno para voltarem para suas casas. Ia-se ao cinema de terno, usava-se terno aos domingos. Então, havia demanda. E eu imaginava ter criado um sistema que ia atender àquela demanda", narrava Molina em uma das gravações que fez para o perfil biográfico, com orgulho nostálgico e revigorante, ainda sentindo a centelha de um interesse vibrante, mesmo tendo chegado às franjas dos 85 anos.

Eram dias de franca inspiração, aqueles no rés do chão do prédio de dois andares, sem elevador, em que morava a incipiente família Molina.

"Ele concluiu o projeto da Erontex, deu um grito de felicidade e saiu do quarto com um calhamaço de papéis nas mãos dizendo *'terminei!, terminei!'*", lembra Sara. "O que é isso? perguntei. E ele respondeu: 'o planejamento da Erontex da Sorte', e ficou quase uma hora me explicando", segue a esposa de Molina, que diz ter advertido o jovem marido: "Pare! Você não vai a lugar nenhum com esse projeto todo. Ninguém dá tudo de mãos beijadas para um sujeito que mal conhece logo nos primeiros encontros. Faça um resumo de duas ou três páginas e mostre a ele o resumo. Se não fizer assim, ele pega suas ideias, seu plano, contrata outro e você fica chupando dedo".

Sempre aberto a escutar conselhos, mas francamente surpreso ante aquele raio de bom senso, Nilton Molina sequer redarguiu: acatou a boa ideia da companheira e levou mais algumas horas até resumir seu extenso planejamento para o dono da Eron Tecidos em duas laudas datilografadas.

"Aprendi naquele momento, e diante da Sara, que nunca é demais parar para escutar e refletir quando você recebe um conselho sensato e sem ambições contrárias às suas. A minha mulher passou a fazer parte do meu grupo de aconselhamento particular, para os todos passos maiores que viesse a dar, a partir dali", assumiu.

O Erontex da Sorte era uma adaptação da venda de cestas de Natal que Molina tão bem conhecia. Em janeiro de 1961, a Eron Tecidos promoveria um *marketing* de arrastão em São Paulo, metrópole industrial emergente aonde uma classe média operária ao mesmo tempo sonhadora e ambiciosa formava hábitos de consumo. Molina organizou um planejamento até então inédito para vendas domiciliares na capital paulista. Quem aderisse à compra antecipada de um corte para confecção de um terno o receberia depois de 12 meses. A fim de estimular as vendas, a pontualidade e deduzir a inadimplência, haveria sorteios e concursos semanais pela televisão. Havia um mercado latente e silencioso para o que Nilton Molina idealizara com muito afinco, mas quase por acaso, enquanto atacava o teclado de sua Remington. Foi um encontro prático do jovem que queria vender de tudo, e via se materializar num planejamento seu, um dos eixos do capitalismo — a lei da oferta e da demanda.

O Erontex da Sorte foi um sucesso explosivo.

Mimetizando o planejamento estratégico de Alfred Fuller, da Fuller Brush, o ponto nevrálgico do plano de Molina para fazer explodirem as vendas da Eron Tecidos era a propaganda e a promoção: o paulistano teria de saber que a loja passava a oferecer uma venda antecipada de corte de terno masculino, em 12 parcelas: o carnê Erontex. Um grande exército de vendedores teria de ir para as ruas, bater de porta em porta nos bairros que iam do centro expandido à periferia operária, com a missão de dar a boa nova aos potenciais clientes da loja de Eron Alves de Oliveira, o camelô que iniciava uma trajetória de ascensão social. Molina dedicou-se a selecionar e treinar aquele exército. Uma vez dentro de casa, o vendedor conversava com as famílias e ia paulatinamente descobrindo quantos ternos o grupo familiar necessitava — consequentemente, quantos carnês seriam vendidos naquela visita ou a partir dela.

"As cidades eram horizontais, e não verticais como hoje, e as pessoas moravam em casas. Raros, ainda, eram os prédios residenciais. São Paulo não era diferente, óbvio", rememora com orgulho o criador do Erontex da Sorte. E explica a técnica usada: "Esquadrinhamos a cidade, bairro a bairro, quarteirão a quarteirão, rua a rua. Cada vendedor tinha a sua área definida a partir do mapa da cidade. Ele se organizava e ia de casa a casa, de porta a porta, de família a família, oferecendo o novo plano de aquisição de um terno para o chefe da família, ou para o avô, ou para o pai. Foi um estouro! Vendemos muito mais do que imaginamos".

Convencido de que o Erontex da Sorte daria muito certo em pouquíssimo tempo, Nilton Molina havia pedido demissão da Maria Salles Propaganda com o objetivo de se dedicar *full time* à administração do novo negócio. Em um acordo de cavalheiros, ele e Eron Alves de Oliveira estabeleceram para Molina a remuneração de 1% sobre a venda total de planos comercializados. Não havia salário fixo. Todos os meses, 1% do arrecadado com a venda antecipada de cortes de tecido iam para o criador do sistema. Mas, um gargalo imprevisto logo fez a dupla aprender que não havia plano infalível no mundo dos negócios. A mensalidade só podia ser paga na loja física de Eron, em um ou dois caixas disponibilizados para tal atividade. Como a estratégia de divulgação e vendas fora um sucesso, rapidamente se formaram filas enormes e demoradas de clientes ávidos por quitar as prestações do mês. Represados na boca do caixa, muitos desistiram de pagar suas prestações.

Cada desistência representava um corte na remuneração prevista por Molina. Como se inaugurasse o mito, criado por ele mesmo, de que sempre teve muita sorte, e enquanto se exasperava com a perda das vendas, sem saber como resolver o gargalo da lentidão operacional dos caixas da Eron Tecidos, ele parou para prestar atenção num anúncio conjunto do Banco Brasileiro de Descontos, o Bradesco, e a Light, empresa que distribuía energia elétrica para São Paulo e Rio de Janeiro.

"Quem era cliente da Light tinha de pagar a conta de energia numa loja da Light, no Viaduto do Chá, centro da capital paulista. Não havia opção. Em 1961, não existia esse negócio de cobrança em banco. Quem não conseguisse pagar por qualquer motivo, até porque o caixa da empresa era lento e lotado, podia ficar sem luz em casa. Ou seja, guardadas as devidas proporções, eles tinham um problema semelhante ao meu", conta Molina. "Daí o Bradesco passou a aceitar em seus caixas as contas da Light. A empresa de energia emitia uma conta com três canhotos. Um, depois de pago, era o recibo do cliente. O segundo, ficava para controle da instituição financeira. E o último, ia para a Light e provava qual o cliente que tinha pagado, e qual o cliente inadimplente.

Pelo sistema desenhado em seus primórdios, contudo, a fornecedora de energia elétrica emitia uma conta por mês — como é até hoje. Invocado e esperançoso, Molina percebeu que ali tinha um caminho. Pegou 12 comprovantes de pagamentos do Erontex da Sorte, criou uma capa e contracapa e confeccionou um *bloquete* com os três canhotos de recebimentos já referidos, com o modelo em mãos foi ao Bradesco. Agendou uma reunião na Cidade de Deus, sede do Bradesco, com o então gerente Durval Silvério e propôs que o banco efetuasse a cobrança dos tíquetes mensais, cobrando uma tarifa pelos serviços e ainda ficasse com os recursos depositados em conta corrente, por alguns dias, sem qualquer remuneração. Muitos anos depois, em 1979, quando Molina assumiu a diretoria executiva de uma seguradora no Bradesco, reencontrou Silvério, já ocupando então o cargo de diretor executivo do banco. "São as voltas que a vida dá", sorriu silenciosamente Molina para si, satisfeito com a coincidência. Os dois seguiram amigos pelo resto da vida.

"Jamais o esqueceria. Foi muito significativo para mim aquele *insight*" seguia dizendo 60 anos depois. "Aquele *bloquete* passou a se chamar carnê Erontex da Sorte", conta Molina, ainda orgulhoso da perfeita construção de um relacionamento empresarial na base do ganha-ganha, mesmo seis décadas adiante.

O gargalo que freava os ganhos dele não mais existia e estava inventado o carnê bancário — nome que o sistema de pagamentos por meio de instituições financeiras adquiriria no futuro.

"Sem serem represadas na boca do caixa, as vendas e a receita do Erontex da Sorte explodiram. Para imaginar a velocidade de crescimento do negócio, no sétimo mês de existência da promoção, outubro de 1961, com a minha comissão de 1% no mês e sem ter sequer carteira de motorista, comprei um Simca Chambord para mim e um Kharman Ghia[10] para a Sara. No mês seguinte, comprei uma casa própria à vista: um sobrado geminado na avenida Adolfo Pinheiro, no bairro de Santo Amaro. Aos 25 anos, e para quaisquer padrões, estava rico", lembra Molina, para depois ponderar: "Teria a vida toda pela frente e precisava saber o que fazer com ela".

O carnê Erontex da Sorte e os sorteios intercalados e vinculados aos pagamentos das mensalidades, criados para assegurar a fidelidade e desestimular a inadimplência dos clientes, foram um marco do varejo e da comunicação de massa brasileiros na primeira metade dos anos 1960. Prêmios cada vez mais valiosos superavam absurdamente e com sobras o valor dos cortes de tecido, eram agregados aos sorteios semanais. J. Silvestre, radialista que migrara para a TV Tupi na inauguração das transmissões televisivas no país e terminou por fazer carreira também como ator e apresentador, converteu-se em garoto-propaganda do Erontex da Sorte. O carnê patrocinava o programa de perguntas e respostas de J. Silvestre. A atração chegava a obter 80% da audiência em São Paulo e depois no Rio de Janeiro. Os primórdios da vida de camelô de Eron Alves da Silva tinham ficado para trás e a ascensão meteórica

---

[10] O Simca Chambord e Kharman Ghia tornaram-se modelos icônicos no mercado automobilístico mundial. Naqueles tempos — corria o ano de 1961 — eram também símbolo de *status* e sonho de consumo da emergente classe média brasileira.

fora atingida na garupa do cometa midiático e de vendas arquitetado por Nilton Molina em sua Remington.

"Era uma febre, uma coqueluche. Estar na TV, patrocinar o J. Silvestre, nos dava muito *glamour* também. Eron multiplicou as lojas, estabeleceu-se em outras capitais além de Rio e São Paulo, foi para Brasília, construiu um hotel lá", conta Nilton Molina. "E é claro que eu ganhei muito também, tinha largado a faculdade e entrado nesse mundo... até que um dia o cristal trincou."

A trinca do cristal que dava, para quem os via de fora, a impressão de uma relação coesa e transparente entre Molina e Eron, foi fruto de uma decisão unilateral do empresário que um dia batera à porta do vendedor na agência Maria Salles. Em outubro de 1962, Eron resolveu modificar os parâmetros do acordo de remuneração de Molina, reduzindo os ganhos por comissão do parceiro. A atitude decepcionou e irritou o filho de Alonso e Fantina, que desde muito cedo aprendera o valor capital dos fios do bigode quando eles são empenhados numa relação comercial. Ele se impôs um fim de semana para digerir a proposta do dono da Eron Tecidos que lhe fora dita como fato a ser consumado em poucos dias. Molina cotejou perdas e ganhos das relações com Eron Alves de Oliveira.

O prato da balança era muito mais pesado no lado dos ganhos. Molina e Sara, que àquela altura já tinham dois filhos, Helder e Monica, podiam se dizer um casal jovem de vida confortável. Os sorteios e as premiações do Erontex da Sorte, badalados em rádios e na TV Tupi, campeã de audiência naqueles tempos, davam-lhes passaporte de ingresso para a uma espécie de área *vip* no *jet-set* carioca e paulistano. Mas, havia cansaço acumulado na relação entre Nilton e Eron.

"Molina nunca ficava cabisbaixo, nunca desanimava", reflete e relembra Sara. "Naquele fim de semana eu o vi quase deprimido. Disse a ele: resolve o que você vai fazer, senão você morre."

A solução foi rápida.

"Perdi a confiança. Vou ter de repensar o futuro", anunciou ele à esposa. Era uma decepção profunda, porque imaginara que a Eron seria sua casa para o resto da vida.

Foi a vez de ela ter medo e silenciar. Molina tinha uma razão central para crer que o esgarçamento da relação negocial com Eron era um caminho sem volta: quebra de confiança. Quando ambos fecharam a parceria, junto com o planejamento do Erontex da Sorte, o comerciante de tecidos recebeu uma minuta de contrato das mãos de Nilton Molina na qual eram estabelecidas as condições de trabalho e a comissão correspondente a 1% do faturamento bruto do carnê Erontex.

"Esqueci da minuta e mergulhei no trabalho", relembra Molina. "Foi um *case* de *marketing*, um sucesso absoluto. Crescemos muito, sobretudo depois do carnê bancário. Lançamos o projeto em janeiro de 1961 e, em outubro, eu havia comprado uma casa e dois carros, além de muitas outras coisas. Tudo com base no 1% combinado. Porém, Eron deu-se conta do potencial do negócio e, 18 meses depois, entrega-me um contrato para assinar totalmente diferente do anteriormente combinado. Ele tinha refeito todas as bases contratuais e estabelecendo que dois anos depois de iniciado o Erontex da Sorte, eu seria "promovido" a diretor estatutário da empresa com pró-labore fixo. E mais: a partir dali, eu só faria jus às comissões vincendas. Era tudo o que eu nunca quis para mim, esperneei, mas não encontrei solução. Por causa das comissões vincendas, ainda ganhei dinheiro até 1964. A partir dali, comecei a pensar na minha saída do Erontex. Voltei a insistir em mudanças, Eron resistiu. No início de 1965, propus que ele me desse uma participação acionária de 15% do capital da companhia. Ele me enrolou e não respondeu. Ali foi selada a minha saída — ainda assim, Eron pediu que eu ficasse até junho de 1966 e obrigou-me a silenciar sobre a minha saída. Cumpri o acordo e quando saí, não tinha nada em vista. Ia ter que me reinventar novamente."

No início de 1966, em meio às tratativas para sua saída do Erontex da Sorte, durante o período de silêncio obsequioso em torno de seu futuro, o gerente da corretora de seguros que atendia às lojas de Eron Alves aproximou-se de Molina e procurou saber um pouco mais sobre o mecanismo de sucesso do carnê Erontex. A corretora de seguros se chamava Sólida e pertencia a Aldo Augusto de Souza Lima. O nome do corretor: Renato Rubens Rocchi Guedes de Oliveira. A aproximação selara o encontro, numa encruzilhada do destino, entre o ramo de seguros e Nilton Molina; assim como, a presença marcante tanto de Aldo Augusto quanto de Renato Guedes na vida pessoal e na trajetória empresarial dele.

"Renato Guedes se tornou meu amigo, sócio, e companheiro por toda a vida. Ele conhecia a força de vendas que havíamos montado. Eles estavam com um produto novo em mãos, na Sólida: a representação de vendas do GBOEX (Grêmio Beneficente dos Oficiais do Exército). Era o início do período militar, o exército tinha enorme presença e força na sociedade. A ideia era massificar a venda do GBOEX, mas a corretora não tinha nenhuma experiência naquela área. Daí, o Renato me sugeriu estudar uma parceria e colocar o GBOEX na força de vendas do Erontex. Achei a ideia interessante, levei-a para o Eron. Eu e Renato pusemos Aldo Augusto e Eron Alves para conversar. Eram dois bicudos. E, como dois bicudos não se beijam, não se acertaram, a conversa morreu ali."

Corria o ano de 1966.

Ao ouvir o veredito do marido — "vou sair da Erontex" — Sara não sabia sequer um terço da missa que ele havia encomendado previamente com Eron. O sigilo em torno do tema "saída da empresa" foi preservado como cláusula contratual — de um contrato que jamais Nilton Molina assinara da forma como ele planejara. Nos meses em que conservou silêncio sobre seu destino profissional, ele traçou uma infinidade de mapas do caminho destinados a repô-lo nos trilhos de algum projeto empresarial que fizesse sentido.

"Não ia começar numa área nova sem estudar, sem conhecer a fundo no que estava me metendo", justifica.

Nem mesmo Fernando Mota, que àqueles tempos era diretor da Eron no Rio de Janeiro e já um amigo muito próximo de Molina, fora agraciado com informações sobre o rompimento e a mudança. Mota, a quem Molina conhecera no início da trajetória no Erontex da Sorte e levara para a empresa, depois convencendo-o a se mudar com a família do Rio para São Paulo, mais à frente se converteria em seu sócio numa nova aventura empresarial que perduraria pelo "resto de uma vida inteira". Contudo, ante o silêncio do amigo, até mesmo ele se ressentiu do acordo de sigilo.

"Molina não me contou nada. Nada! Posso até dizer que me senti traído naquele momento. Eu achava estranho, porque já ali ele me contava tudo. Cobrei dele respostas para aquela saída que, para mim, não fazia sentido", seguia dizendo Mota 65 anos depois, em 2020, quando esse relato biográfico foi escrito (mais à frente, no capítulo "O irmão eleito", Fernando Mota detalha em entrevista esta e outras passagens da longa convivência entre ele e Molina). "No fim, deu tudo certo. Compreendi que havia um acordo entre ele e Eron para que nada fosse dito. Afinal, Molina sempre foi a estrutura básica do Erontex da Sorte. Eron teve medo que a notícia da saída de Molina desestimulasse as vendas e desgovernasse a companhia. Mas, em meio ao turbilhão, o meu amigo não pensou nem mesmo na mulher dele. Até Sara, que tem uma energia enorme, é um furacão de animação, deprimiu-se um pouco porque ficou no vácuo. Eu percebi, e eu a procurei para conversamos sobre o assunto. Àquela altura, a decisão dele mudava tudo para muita gente. Para mim, inclusive."

Sacramentada a decisão de Molina, de sair do Erontex da Sorte, foi a vez de Sara cair numa sutil depressão.

"Eu tive medo", confessou ela. E seguiu explicando: "Tive medo porque meu padrasto, o Hélio, a quem sempre considerei meu pai e o avô dos meus filhos, teve muitos percalços ao longo da vida. Quebrou muitas vezes. Eu sabia o que era ficar sem dinheiro, conhecia a insegurança financeira. Molina decidiu mudar de repente, ao menos para mim, que não sabia de toda a conversa dele com Eron, deixar aquela vida que nos levou conforto e *glamour* com o Erontex da Sorte, fez com que um filme de inseguranças e dificuldades passasse em minha cabeça".

O período de estranhamento de Sara Molina com o regresso à condição de olhar contemplativamente o horizonte do marido, com mais dúvidas do que certezas em relação ao que viria, durou quase um mês. Não foi fácil para o casal.

"Não percebi na hora a insegurança dela. Demorei um pouco para tomar pé daquilo", confessou Nilton Molina. "Mas sabia que precisava renovar nossa parceria: eu, da porta para fora de casa cuidando do futuro; ela, da porta para dentro, organizando a família e cuidando das crianças. Chamei-a para uma conversa. Expliquei como funcionava a nova área em que estava me metendo. Ela me abraçou, pegou na minha mão e meio que gritou, daquele jeito dela: 'em frente! Vamos juntos!'"

Com 30 anos incompletos, era a hora de recomeçar mais uma vez. O país crescia em ritmo de "milagre econômico".

São Paulo se consolidava como locomotiva industrial e de serviços. O Rio conservava suas posições como centro cultural e, de certa forma, do mercado financeiro (que duas décadas depois estaria quase todo ele, em definitivo, na capital paulista). Dentre os negócios que apareceram para Molina na procura de novas oportunidades, uma das mais curiosas foi a de um negociante alemão que ofereceu uma sociedade na produção de enormes chocadoras elétricas de ovos.

"Não fiz negócio, claro. Disse a ele que sequer sabia, àquela época, quem tinha vindo primeiro, se o ovo ou a galinha", brinca. "Sigo sem saber até hoje", complementa aos risos.

Certo dia, Senor Abravanel, um comunicador e apresentador de TV simpático, brilhante e sorridente que já tinha alcançado fama e fortuna com o nome artístico de *Silvio Santos*, e já convertido em grande empresário, sabendo da saída de Molina da Erontex, procurou-o com uma proposta interessante: queria que ele fosse gerir o Baú da Felicidade, o mesmo para o qual a agência Maria Salles Propaganda trabalhara na alavancagem de vendas mediante sorteios, lá atrás em 1959. Silvio Santos havia comprado o controle do Baú e o negócio tinha se desenvolvido muito, inclusive contando com os programas de TV que Silvio Santos passou a comandar. Molina também não se interessou, até porque não fazia sentido para ele concorrer com a empresa que acabara de deixar.

"Foi então que reencontrei o Renato Guedes, meio por acaso, na rua XV de Novembro, no centro de São Paulo" — rememora ele. — "Renato sabia de minha saída do Erontex e sugeriu que eu conversasse com Aldo Augusto de Souza Lima sobre o GBOEX. Achei interessante e lá fomos nós."

Foi daqueles reencontros que mudam a trajetória da vida: "Conversamos rapidamente e logo nos entendemos. Acertei com Aldo Augusto um contrato de trabalho com a Augustus Corretora de Seguros, que era a representante do GBOEX. Nesse contrato, estabelecemos que, se eu e ele nos déssemos bem, e se eu achasse o negócio interessante, faríamos uma nova empresa com sociedade meio a meio. E assim aconteceu: no início de 1967 criamos a Augustus Promoções e Vendas. A empresa passou a representar o Grêmio Beneficente dos Oficiais do Exército. A partir dali as vendas decolaram, foram um sucesso crescente, eu me apaixonei pelo negócio de seguro de vida e de previdência privada".

Nilton Molina, enfim, entrava no mercado de seguros — em especial, no de vida e previdência.

O
TEMPO
DO MEIO

Previdência Privada: desbravando a nova floresta

*"Essa história de vender coisas populares,
arrecadando o dinheiro antes para criar um ente
financeiro, estava na minha cabeça naquele momento.
Só que eu não tinha dinheiro. Eu não podia
querer montar uma seguradora, nem nada disso.
Eu tinha que entrar no negócio pela porta
possível. A porta possível era a porta do intermediário.
Então, foi essa porta que eu procurei. Se você me
perguntar: 'mas, isso foi assim, feito cientificamente?'
Eu te respondo: coisa nenhuma!"*

NILTON MOLINA,
ao CPDOC da FGV em 27/12/2006.

O Erontex da Sorte havia sido para Nilton Molina, entre 1961 e 1966, uma vasta e produtiva plantação de hortaliças — fazendo uso licencioso da metáfora criada por ele mesmo. Extremamente rentável nos dois primeiros anos, a ponto de lhe ter permitido começar a construir um patrimônio que parecia inimaginável para o ex-auxiliar de serviços gerais das clínicas odontológicas do ambulatório do IAPC em São Paulo. Mas, eram constantes os desentendimentos com Eron Alves de Oliveira. As discordâncias centrais se davam em torno do modelo de negócio que estava sendo desenvolvido pelo dono daquela pequena loja de tecido que passava a conhecer uma ascensão vertiginosa com o carnê idealizado por Molina.

"Ele queria ser um industrial, comprou um hotel em Brasília, tentava diversificar para vários produtos, terminamos comprando uma fábrica de tecidos sediada em Itaquaquecetuba (SP) em que havia até uma mina de água natural... água em abundância era insumo essencial para aquele tipo de indústria, tinturaria. E eu achava que nada daquilo fazia sentido, que tínhamos de ficar como promotores de vendas para depois ter caixa e fazer um banco de investimentos", contou Molina aos pesquisadores do Centro de Pesquisa e Documentação da Fundação Getúlio Vargas, em 2006, ao explicar os dissensos com Eron.

Quando, no início de 1967, Molina se tornou sócio de Aldo Augusto de Souza Lima na Augustus Promoções e Vendas, tinha certeza plena e absoluta do potencial do novo negócio — vender seguros de vida e previdência. A página do *carnet* Erontex estava sendo definitivamente virada na biografia do homem que começava a se converter num vendedor de futuros e ele, então, iniciava os estudos empíricos (como todo bom e focado autodidata) para virar um hábil jardineiro num bosque de carvalhos.

* * *

Entre 1967 e 1970, o Produto Interno Bruto do Brasil cresceu na média de 9,8% ao ano. A velocidade com que a economia nacional decolava era diretamente proporcional ao endurecimento do ambiente político. Contudo, o regime iniciado em 1964 só seria encerrado em 1985, no Colégio

Eleitoral e por meio de um acordo entre o governo de plantão e a oposição. De forma geral, no início da década de 1970, a espiral de crescimento e oportunidades contagiava empreendedores e empresários e enchia de esperança a corrente de negócios no país. Com Nilton Molina, àquela altura sócio da Augustus Promoções e Vendas, que além da representação do Grêmio Beneficente dos Oficiais do Exército, conquistou dois anos depois o contrato para representar o Montepio Geral de Economia dos Servidores do Estado, que mais tarde viraria Mongeral, o ciclo alvissareiro não se daria de forma diferente. Muito pelo contrário.

"Em 1971, comprei a participação do Aldo na Augustus. Mantive o nome, que de certa forma o homenageava, mas fiquei com 100% do capital. Fechei negócio com ele numa sexta-feira à tarde e chamamos nosso advogado à época, doutor Décio Lobo de Morais, para aprontar os documentos para a assinatura na segunda-feira seguinte", conta Molina. "Mas, daí o Aldo morreu na madrugada do sábado! Passou mal num restaurante e teve um infarto fulminante. Dormi na sexta sócio do Aldo e acordei no sábado sócio da dona Mina, Guilhermina Afif de Souza Lima, mulher do Aldo, de quem ele estava em processo de desquite não consumado. E ser sócio da dona Mina era muito diferente de ser sócio do Aldo."

A viúva de Aldo Augusto de Souza Lima, Guilhermina, era tia de Guilherme Afif Domingos. Vem daí a aproximação entre Molina e Guilherme. O contrato social da companhia estabelecia, numa das cláusulas, os procedimentos para a hipótese da morte de um dos sócios: o sócio remanescente deveria fazer uma proposta à família do morto, num prazo máximo de dez dias, sob pena de extinção da empresa.

"Fiz a proposta, e estava obrigado a ser justo e cauteloso. O valor proposto para a compra do controle tinha que fazer sentido pois, contratualmente, a outra parte tinha o direito de concordar ou discordar e ainda de comprar a minha parte pelo valor oferecido. Os filhos do Aldo e a Guilhermina decidiram vender. Deu uma trabalheira, mas terminou tudo bem", relembra Molina.

Uma vez dono do capital total da Augustus e a fim de consolidar parcerias que ele sentia estarem sendo construí-das para durarem pelo resto da vida, Molina redistribuiu a participação societária da empresa. Fernando Mota, o português radicado no Rio de Janeiro, a quem conhecia desde o Erontex da Sorte e com quem construíra uma ami-zade pessoal e familiar desde o primeiro momento em que aceitara ser gerente dos negócios de Eron Alves de Oliveira, no Rio, ficou com 25% da sociedade. E Renato Guedes[11], que lá atrás, na origem de tudo, tinha apresentado Aldo e as possibilidades do GBOEX para Molina, ficou com 10%.

"Fomos felizes pela vida inteira, nos negócios e na ami-zade familiar que perdura até hoje, inclusive entre nossas esposas, filhos e netos", orgulha-se Molina ao constatar, meio século depois da decisão de redistribuir a participação

---

[11] Renato Rocchi Guedes morreu em 10/09/2016.

no capital da Augustus, que foi possível reinventar uma família reunida a partir dos negócios.

* * *

À medida em que aprofundava o mergulho no oceano vasto e profundo do mercado de seguros de vida e previdência, Nilton Molina reunia certezas que confirmavam uma tese particular: era preciso haver uma enorme mudança na legislação que governava o setor, ou ele não iria se desenvolver. A formulação das diretrizes econômicas brasileiras estava entregue, basicamente, ao gênio criativo e liberal de personalidades como João Paulo dos Reis Veloso, Mário Henrique Simonsen, Roberto Campos e, depois, Delfim Netto. Todos eles, de certa forma, em menor ou maior grau, troncos da árvore de Eugênio Gudin.

Economista brilhante, tendo sido encarregado por Gustavo Capanema da missão de implantar cursos de Economia nas universidades brasileiras ainda na década de 1940, durante a ditadura getulista, Gudin se destacou pelo interesse em ensinar lógica econômica a alunos de direito e engenharia. Em 1944, foi escolhido delegado brasileiro na Conferência Monetária Internacional, em Bretton Woods, nos Estados Unidos. Ali, decidiu-se pela criação do Fundo Monetário Internacional (FMI) e do Banco Mundial (Bird). Durante os sete meses em que foi ministro da Fazenda (1954-1955), no governo Café Filho, Gudin promoveu uma política de estabilização econômica baseada no corte das despesas públicas e na contenção da expansão monetária e do crédito, o que provocou crise de setores da indústria. Sua passagem pela pasta foi marcada, ainda, pelo decreto da Instrução 113, da Superintendência da Moeda e do Crédito (Sumoc), que facilitava os investimentos estrangeiros no país, e que seria largamente utilizado no governo de Juscelino Kubitschek. Foi por determinação dele, também, que o imposto de renda sobre os salários passou a ser descontado na fonte. Eugênio Gudin era professor na Universidade do Brasil. Foi, ainda, vice-presidente da Fundação Getúlio Vargas até 1976, instituição com a qual mantinha vínculos desde a década de 1940. Foi um dos responsáveis pela implantação, na FGV, do Instituto Brasileiro de Economia (IBRE) e da Escola de Pós-Graduação em Economia (EPGE), dos quais tornou-se diretor.

Em outubro de 1973 o mundo ocidental e capitalista despertou perplexo do entorpecimento provocado pelos contínuos resultados positivos que eram auferidos desde o fim da 2ª Grande Guerra. Os países árabes exportadores de petróleo proclamaram um embargo às nações aliadas de Israel em razão da Guerra dos Seis Dias, iniciada em pleno Yom Kipur e provocando ataques militares mútuos entre Egito e Síria, de um lado, e os israelenses, de outro. Era a primeira crise do petróleo. Em cinco meses, o barril do óleo bruto subira de três para 12 dólares no mercado internacional. Houve desabastecimento em alguns países, num momento em que a dependência do petróleo como única matriz energética era crescente. As nações industrializadas confrontavam-se, pela primeira vez desde o armistício de 1945, com uma recessão. No Brasil, eternamente considerado "em processo de desenvolvimento" e que vivia a euforia do milagre econômico, não foi diferente. A crise do petróleo trouxe para cá a necessidade premente de se promover um freio de arrumação e organizar a estrutura econômica nacional.

Decidido a fechar os flancos internos pelos quais poderiam entrar embriões de novas crises que impusessem solavancos à economia, o ministro da Fazenda do governo Geisel, Mário Henrique Simonsen promoveu em 1974, em São Paulo, um simpósio destinado a debater o mercado local de fundos de previdência. Em todo o mundo, os fundos de previdência privada vinham se constituindo em fortes agentes indutores de desenvolvimento e parceiros de empreendedores que necessitavam de recursos ágeis e de investidores de longo prazo. Afinal, construía-se a todo momento, e em quase todo o mundo ocidental, novas plantas industriais. No Brasil, contudo, os investimentos de longo prazo eram escassos. A previdência privada, grandes investidores institucionais, eram ainda incipientes por aqui. Além disso, a inexistência de correção monetária corroía o estoque financeiro dos clientes das seguradoras e dos montepios. Fazia-se urgente uma mudança na legislação que governava todo o negócio. O mercado e os potenciais segurados das companhias de seguros e os participantes dos planos das entidades de previdência privada, por conta da inflação e sem mecanismos de atualização monetária, olhavam com desconfiança para o que era proposto pelas empresas que atuavam naquele mercado.

Nilton Molina não só estava naquele simpósio organizado sob inspiração de Simonsen, como também fora convidado a moderar uma das mesas de discussão[12]. No plano pessoal, o evento teve o peso de uma estreia no universo dos grandes interlocutores nacionais. De resto, ele jamais escondera a admiração intelectual que tinha pelo ministro do Planejamento. O convite para ser moderador de um dos debates marcou-o para sempre e deu início a repetidas participações dele em processos de discussão e formulação de projetos de reforma e modernização da previdência social e privada no país. Duas associações que viriam ser muito relevantes para todo o bioma do setor "previdência privada" foram os braços organizacionais do simpósio. A ANAPP — Associação Nacional de Previdência Privada — que reunia as entidades abertas de previdência privada sem fins lucrativos e a ABRAPP — Associação Brasileira das Entidades Fechadas de Previdência Complementar — Associação Brasileira de Previdência Privada —, que se dedicava à defesa dos fundos fechados de previdência, patrocinados por grandes corporações privadas e principalmente pelas empresas de controle estatal. O evento ecoou profundamente e por muito tempo no mercado brasileiro, ajudou a organizar os interlocutores do setor junto ao governo — e Molina passava, em definitivo,

---

[12] O convite para moderar um dos painéis do simpósio era uma deferência ao acionista controlador da Augustus Promotora e Corretora de Seguros que representava para todo o Brasil o Mongeral e o representava nas reuniões de mercado e na ANAPP.

a ser um deles — e a colaborar com a criação dos estudos técnicos que culminaram na Lei 6.435 de 1977[13].

"Certa vez, entre 1974 e 1975, em meio a esse processo de discussão da modernização do mercado de previdência privada, eu integrava uma comissão da FENASEG — Federação Nacional de Seguros — que, justamente, procurava estudar o mercado e o impacto da previdência no ambiente de seguros privados e fui a uma reunião do Conselho Nacional de Seguros, em Brasília, assessorando os titulares privados do Conselho", rememora Nilton Molina, para confessar uma ousadia típica daqueles que não se contêm quando têm certeza de poder contribuir para o debate: "Estava sentado na segunda fila de cadeiras, atrás daqueles que estavam efetivamente à mesa. Afinal, minha condição era a de assessoramento. O então ministro da Previdência Social, Luiz Gonzaga do Nascimento e Silva, era quem a presidia. No intervalo dos debates, aproximei-me dele e tomei a liberdade de entregar um singelo *paper* de duas páginas que consolidava meus estudos em torno da longevidade humana e que procurava demonstrar o agravamento futuro das contas do nosso sistema de previdência social. Eu sugeri, então, que o governo iniciasse já ali, em 1974 e 75, os estudos para a criação de um novo sistema de previdência social para os novos trabalhadores que entrariam, a partir

---

[13] A Previdência Complementar, no Brasil, só ganhou contornos institucionais próprios a partir dessa lei e do Decreto regulamentador nº 81.240 de 1978. A Lei 6.435/77 criou o arcabouço legal para a previdência privada e estimulou o surgimento de diversos planos vinculados ou não a instituições financeiras — a partir dali as empresas de previdência podiam se constituir como sociedades com fins lucrativos. (N.A.)

dali, no mercado de trabalho. O ministro Nascimento e Silva, muito gentilmente, respondeu-me: 'Jovem, não sei se você tem razão. Porém, não tenho como levar essa discussão adiante. Estão sobrando recursos na previdência social e nós acabamos de financiar, com esses recursos, a construção de Brasília, a ponte Rio-Niterói, e tantas outras coisas'".

Não era, nem de longe, a resposta que Molina esperava ouvir. O crescimento em progressão geométrica do miolo da pirâmide etária brasileira certamente levaria a um rápido estreitamento do número de trabalhadores ativos, financiando os aposentados. A certeza que ele tinha era a de que isso iria acontecer inexoravelmente. E, governado por essa certeza, tê-la-ia na base da sua proposta.

"Daquela forma, meio melancólica, acabou a minha primeira tentativa de colaborar na construção de um novo sistema de previdência social no Brasil. Porém, jamais desisti do tema e muito menos do trabalho que ele dá. Em 2018, colaborei junto com a FIPE — Fundação Instituto de Pesquisas Econômicas — e com meu amigo Hélio Zylberstajn, numa proposta que foi entregue ao então candidato Jair Bolsonaro. Fizemos o mesmo com os ex-presidentes Fernando Henrique Cardoso, Lula, Dilma Rousseff e Michel Temer. Desistir, nunca!"

* * *

Vender pecúlio do GBOEX num país que, àquela altura, estava economicamente estabilizado e crescia, tinha uma vantagem competitiva imensa: os militares estavam na crista da onda, nosso produto tinha a marca "Exército". Deu certo. Fernando Mota, o amigo a quem convencera ir gerenciar a Eron Tecidos no Rio de Janeiro e, depois, mudar com a mulher e os filhos para São Paulo, àquela altura também fora convencido a migrar para a Augustus. Renato Guedes, o parceiro que funcionou como cupido entre Molina e Aldo Augusto de Souza Lima, também permanecera na corretora e virou sócio, junto com Mota. A Augustus Promotora e Corretora de Seguros procurava caminhos para se diferenciar no mercado de venda de seguros de vida, pecúlios e previdência e encontrou um: a criação de um clima interno de formação de quadros, competição entre os vendedores e assinatura da carteira de trabalho dos corretores, segurança que dava estabilidade e, sobretudo, fidelidade, ao quadro funcional.

Pode-se dizer que a empresa liderada pelo trio Nilton Molina, Fernando Mota e Renato Guedes introduziu uma inovação no mercado de venda de seguros ao contratar como funcionários toda a equipe de vendedores de planos. A estratégia, que rapidamente diferenciou a empresa no mercado e motivou os corretores, foi inspirada novamente no formato norte-americano de formação de times de vendas.

"Usávamos as denominações 'treinando' (*trainee*), 'bronze', 'prata', 'ouro', 'diamante' e 'Augustus'. Eram seis categorias de agentes comerciais. Depois, o profissional virava gerente, supervisor, uma carreira plena, e isso foi muito relevante para o nosso sucesso. Por serem funcionários, nossos agentes tinham um estímulo a mais e só passavam de categoria caso reunissem três critérios: tempo de casa, produção e produtividade. E, mesmo cumprindo as três exigências para elegibilidade à ascensão, tinha de fazer o curso da categoria seguinte. O profissional não chegaria a 'Augustus', que era o topo da carreira, em menos de dois anos e só alcançava esse posto se fosse eficiente, produtivo e eficaz. Formávamos gerentes, gestores, que conheciam os produtos que vendiam e sabiam formatar o plano para cada necessidade específica do cliente. Esse foi um diferencial imenso da Augustus: criamos uma fornada especial de vendedores, de líderes de times de venda, de gestores de equipe para o mercado segurador. Sem modéstia, eu e Fernando, sobretudo graças à paciência dele em repetir quantas vezes fosse necessário o que precisava ser feito e cobrar de forma constante e pragmática o retorno, soubemos como explorar nossas especificidades na hora de ajudar na formação de uma belíssima geração de profissionais."

A azeitada máquina de vendas que começava a ser forjada na Augustus Promoções e Vendas aproveitou, com foco e obsessão, o diferencial competitivo que tinham em mãos com o Grêmio Beneficente dos Oficiais do Exército e, depois, o Montepio Geral de Economia dos Servidores do Estado, o Mongeral.

"Os planos do GBOEX cobriam apenas a morte prematura e a invalidez. Naquela época, fim dos anos 1960", ter uma previdência privada, sua, independente do governo, que oferecesse renda de aposentadoria, não estava ainda na cultura das pessoas", rememora Molina. "Vendíamos para o GBOEX um pecúlio por morte, um pecúlio por acidente. Aposentadoria por invalidez e aposentadoria por sobrevivência somente iniciamos, de forma pioneira, a administrar, promover e comercializar quando passamos a representar o Mongeral."

Montepios eram sociedades surgidas na forma de mútua e sem fins lucrativos. Aquele era o período do "milagre econômico" brasileiro, a inflação era baixa e a correção monetária não era uma exigência extremamente relevante para quem comprava pecúlios — sobretudo, se os planos de pecúlio tivessem a chancela das Forças Armadas ou do Estado. Ambos se confundiam, pois, os militares davam as cartas no poder desde a deposição de João Goulart em 1964.

"Em 1969, descobrimos uma entidade que, na ocasião, já tinha 130 anos de vida: o Mongeral. Ela era a semente, no Brasil, dessa floresta toda de previdência, de seguro de vida[14]. O Mongeral nasceu em 1835, como Montepio Geral de Economia dos Servidores do Estado. Vivíamos o Império e ele era uma espécie de INSS da Coroa. Até a Proclamação da República, em 1889, o Mongeral foi uma entidade paraestatal, tipo uma autarquia. Depois, com a nova estrutura do estado republicano, virou uma entidade

---

[14] A relação íntima e indivisível entre Nilton Molina e o Mongeral, que em 2010 passou a se chamar Mongeral Aegon, começa a ser contada a partir de agora.

privada"[15], — relembra Molina, sem esconder o brilho no olhar, ao falar do início do relacionamento de negócios com a empresa que compraria muitos anos depois. "Fui pesquisar o Mongeral e vi que era uma entidade de porte médio, limpinha em relação a passivos, funcionava como um relógio. Mas, faltava a ela energia, força, inovação. Ou seja, faltava bons vendedores! Daí nós nos tornamos representantes deles para o país inteiro, de 1969 até 1979, e os levamos a uma posição de destaque no mercado de previdência privada."

Abraçar antigos montepios e encarar o desafio de convertê-los em empresas, em sociedades anônimas, em negócios lucrativos, passou a ser em definitivo a praia em que Molina passou a buscar seu lugar ao sol entre as corporações. Formava-se então, de certa maneira empiricamente, a convicção de que a vocação dele estava muito mais voltada para a área de seguros de vida e previdência do que para as tais "plantações de couve e outras hortaliças" as quais ele respeita muito, mas, delas se afastou.

"Não tenho dúvida de que teria me tornado um empresário de seguros de sucesso muito mais rápido se, nos anos 1960, eu tivesse ido para a área de seguro de automóvel e,

---

[15] A palavra "montepio" vem do italiano "monte pietá", ou "monte de piedade" numa tradução literal. As empresas seguradoras surgiram, no mundo, entre os séculos XVIII e XIX. A ética e a moral cristãs, à época, estigmatizavam pessoas e empresas que lucrassem com o infortúnio de outros cidadãos. Logo, os montepios eram todos criados na forma de mútuas, ou seja, sem fins lucrativos. Só nos anos 1970, a partir dos Estados Unidos, iniciou-se um movimento de *desmutualização* desse tipo de empreendimento. O processo de extinção das mútuas chegou mais tarde ao Brasil, inicialmente por meio da Lei 6.435 de 1977, por sua regulamentação em 1978 e, por fim, durante o Plano Cruzado em 1986.

logo depois, para seguros de saúde. Nossa empresa poderia ser, hoje, muito maior. Só não sei se seria feliz e explico a você o porquê: mais do que ser um segurador, sou alguém voltado para a seguridade social. E o espectro dessa definição é amplo. Preocupo-me com a cobertura securitária dos principais riscos sociais — morte prematura, invalidez prematura e longevidade. Sempre entendi que a compra de um seguro de vida por uma pessoa determinada, em benefício de outrem, é algo particular e, principalmente, é um ato de amor e de enorme desprendimento. Isso me estimula. No negócio de seguro de vida e de previdência privada cria-se uma relação de confiança no longo prazo, não especificamente de prestação de serviços, mas de cobertura permanente dos riscos dos seus segurados. Escolhi o caminho mais difícil, porém mais gratificante, num momento em que as pessoas ainda não entendiam isso no Brasil. Não entendiam o mecanismo do negócio. Sou muito feliz com isso. Prefiro assumir o risco do cliente e ganhar a confiança dele por toda a vida. Gosto disso."

* * *

Um encontro de vida com Pelé

Três meses antes da Copa do Mundo de 1970, que consagraria Edson Arantes do Nascimento, o Pelé, como o maior jogador de futebol do mundo e o grande atleta do século XX depois de o Brasil ser tricampeão mundial com a melhor seleção de todos os tempos, os caminhos de Nilton Molina cruzaram a trajetória do craque.

A Augustus Corretora tinha conta no Banco Industrial de Campina Grande, instituição financeira pertencente à tradicional família paraibana Rique. Num lance ousado de marketing, *o banco, apesar de pequeno, contratara Pelé como seu "diretor de relações públicas" na cidade de Santos. A rigor, o jogador não fazia nada além de estar à disposição para estrelar campanhas da instituição familiar dos Rique. Molina, que àquela época atuava como corretor de seguros com a sua Augustus, desenvolvera uma amizade com o executivo João Pessoa Albuquerque, presidente da Seguradora Campina Grande, subsidiária do banco. Numa espécie de trabalho* pro bono, *João Pessoa dirigia também a CENEC — Campanha Nacional das Escolas da Comunidade. Surgida no Recife, em 1943, a CENEC atendia a crianças e adolescentes que não conseguiam entrar em escolas públicas e não reuniam condições financeiras para bancar mensalidades de escolas privadas.*

"O João Pessoa conhecia um pouco a minha história, sabia que eu tinha feito o Carnê Erontex, que havia trabalhado lá atrás com o Baú da Felicidade, e pediu a minha ajuda. Eles precisavam de dinheiro para financiar o projeto social. Aí eu bolei o Carnê Pelé da Educação. Iríamos vender um livrinho com a história do Pelé, num carnê de pagamentos mensais com sorteios que estimulassem a adimplência em dia e continuada. Mas, para fazer aquilo, o sorteio, era necessário ter uma autorização especial do governo."

Ainda antes de a Seleção viajar para o México, onde se realizaria a Copa, Molina foi encontrar Pelé no bar do Copacabana Palace, no Rio. Era o ápice de um processo de sedução de Nilton Molina com o objetivo de convencer o atleta a emprestar seu nome à promoção da CENEC. Os dois já se conheciam das tratativas iniciais do negócio e desenvolveram uma boa conversa. Chegando ao bar, com o contrato em mãos, Molina se espantou com o fato de o craque não ter chamado advogados para representá-lo. Havia poucos meses, ele anunciara ter sofrido golpes sucessivos de um empresário que o representava, "Pepe Gordo", e que estava quase na lona financeira. "Molina, eu já perdi tanto com advogados, já estou tão cansado disso, que eu aprendi a ler contratos. Vamos lá. Quero ler o nosso", explicou o jogador.

"Assinamos o contrato e eu entreguei para ele um cheque visado com o equivalente[16], nos dias de hoje, a cerca de 200 mil dólares. Cheque visado, coisa que não existe mais, tinha valor de dinheiro e podia ser sacado no caixa — e aquele era um cheque do Banco Campina Grande visado pela presidência do próprio banco. Era moeda corrente."

A partir dali o desafio passava a ser fazer com que a área econômica do governo federal, comandada em 1970 por Delfim Netto, aceitasse a operação de sorteio com carnês mensais que venderiam o livreto biográfico contando a

---

[16] Novembro de 2020.

história de Pelé para financiar o projeto das escolas cenecistas. Surpreendentemente, Delfim dificultou tudo. Molina chegou a ter diversas audiências com ele, depois recorreu ao então ministro da Educação Jarbas Passarinho, e nada: o Ministério da Fazenda, até a data do embarque da seleção para o México, ainda não tinha autorizado o "Carnê Pelé da Educação".

Deixando o cheque nas mãos do jogador, Nilton Molina propôs a ele que enquanto estivesse no México defendendo as cores da seleção, o executivo iria providenciar a impressão e a distribuição dos livretos e os carnês por todo o Brasil, sem comercializar. Assim foi feito. Se o Brasil ganhasse a Copa, e se o governo autorizasse a venda dos carnês, o negócio seria tocado em frente. Caso a autorização oficial não fosse concedida, o contrato estaria extinto e Molina teria de correr atrás do prejuízo.

"Era um cheque visado, igual aos cheques administrativos de hoje em dia: tinha valor imediato. O Brasil ganhou a Copa, foi tricampeão, Pelé foi o grande nome da conquista, mas Delfim Netto não autorizou de jeito nenhum o sorteio para o CENEC. Depois, eu soube que era uma espécie de castigo, mesmo, que ele estava dando no Pelé porque o jogador havia se recusado a estrelar uma campanha testemunhal gratuita para a Receita Federal destinada a estimular que as pessoas pagassem o Imposto de Renda[17]. Coisas de governo...", conta Molina. E assevera

---

[17] Molina soube dessa motivação por Pelé e depois a confirmou com Delfim Netto.

seu desespero à época: "Mas, eu precisava reaver aquele dinheiro. Estava com um papagaio de 200 mil dólares nas costas e tinha certeza de que Pelé já tinha passado aquele cheque para a frente. A seleção desembarcou de volta ao Brasil numa segunda-feira. O país inteiro em festa, carreata para receber os jogadores, festa em todo canto, e eu atrás dele para saber como faria para reaver o meu dinheiro, uma vez que o negócio não fora concluído. Consegui um contato com ele no meio da multidão. Pelé pediu que eu fosse encontrá-lo na Vila Belmiro, na quarta-feira às 11h da manhã. Veja bem: três dias depois de ganhar a Copa, o tricampeonato. Eu estava tenso, porque tinha certeza de que o dinheiro havia voado de minhas mãos... Fui lá na Vila Belmiro, no dia e na hora combinados. Não tinha ninguém na Vila Belmiro, só o porteiro. Perguntei a ele: onde encontro o Pelé? Aí, ele me disse como chegar ao campo. Fui até o gramado e o que vejo: Pelé, sozinho, treinando. O craque da Copa, só ele e uns meninos lançando bola para ele. Ele corria atrás da bola como um trator e chutava. Repetia aquilo sem descanso, sem parar. Eu fiquei olhando e pensando: está aí um homem diferente. O país inteiro em festa, os outros jogadores em festa, o governo em festa e Pelé treinando. Esperei ele terminar, daí ele pediu que eu também o esperasse fazer massagem; fiquei ali no vestiário, ele fazendo massagem e a gente conversando, tudo muito engraçado e estranho. Havia três dias que a gente tinha ganhado o Tri! Acabou a massagem, ele tomou banho e disse: 'vamos na minha casa que eu preciso te mostrar uma coisa'. Eu estava sem conseguir segurar a minha ansiedade, previa um enrosco danado para receber de volta aqueles 200 mil dólares. Fomos até o apartamento dele, um prédio até simples numa daquelas ruas paralelas à Praia do Gonzaga, em Santos. Entramos, e ele me levou a uma salinha, afastou um quadro da parede e tinha um cofre ali. Pelé abriu o cofre, pegou o cheque e me devolveu dizendo: 'Olhe aí, Molina, você deu sorte. Eu estou construindo uma casa, podia ter descontado, mas não descontei. Está aí seu cheque'. Rapaz, eu precisei até sentar e pedir um uísque. Não acreditei. Ele tinha sido corretíssimo comigo, era naquele momento o ídolo do mundo inteiro, e me devolveu tranquilamente o cheque equivalente a 200 mil dólares. Sorri largo, começamos a conversar, ele pediu à mulher dele que pusesse mais um lugar na mesa, estava no primeiro casamento ainda, almoçamos um estrogonofe, fiquei ouvindo embasbacado as histórias dele, rimos, nos divertimos. Um campeão em todos os aspectos, um craque!"

Molina e Pelé só voltariam a se reencontrar dez anos depois, casualmente, numa viagem na ponte aérea Rio-São Paulo. O atleta, que já havia anunciado que deixaria o Cosmos, de Nova York, último clube de sua carreira (e único além do Santos,) e foi extremamente simpático com o velho conhecido que, àquela altura, era executivo da maior instituição financeira privada do país. 'Vamos fazer o Carnê Pelé de novo?', propôs. Riram à larga. Molina estava em outra encarnação profissional, a de executivo da Bradesco Previdência, subsidiária que

ajudara a criar, da qual foi executivo e sócio minoritá-
rio e que se constituiu numa passagem especial de sua
trajetória biográfica.

* * *

Tão logo foi aprovada a Lei 6.435 de 1977, organizando o
setor de Previdência Privada no Brasil e permitindo a criação
de empresas setoriais com fins lucrativos — decretando-se,
em consequência, a extinção paulatina e progressiva das
entidades criadas no modelo de mútuas —, Molina consolidou a certeza de que precisava buscar parceiros fortes sob
o risco de assistir a seu negócio murchar como uma muda
de carvalho desidratada ao sol, sem insumos.

As seguradoras Atlântica-Boavista, de Antônio Carlos
de Almeida Braga, e Sul América, da família Larragoiti,
haviam conquistado um diferencial competitivo que Nilton
Molina considerava crucial para qualquer um que tivesse
pretensões expansionistas e de estabilidade de vendas no
mercado de seguros: o privilégio de terem seus seguros
vendidos no balcão das agências do Bradesco. Por meio de
um acordo de troca de ações, as duas seguradoras acessavam
os pontos de vendas dos balcões das agências Bradesco e a
corretora Bradescor, uma subsidiária da instituição financeira, promovia a venda através dos clientes do Banco.

"Com a lei aprovada, percebi que a briga em nosso mercado se daria entre os grandes. Daí, acertei com o Braguinha,
a quem eu já conhecia (havíamos sido apresentados pelo

amigo comum Mário Petrelli), que compraria uma participação de 25% numa seguradora que integrava o portfólio da Atlântica-Boavista. Era a Mauá Seguradora, e eu comprei 25% dela. Mas, já havia combinado com o Braga que mudaríamos a carta patente dela, tão logo fosse possível, para de uma empresa especializada em previdência privada. A nova lei permitia isso. Em seguida, poucos meses depois, chegamos à conclusão de que, pela legislação, podíamos criar uma companhia de previdência privada sem anular uma carta patente, que naquela época valia muito dinheiro", narra Molina, repassando as origens da união que sacramentou com as famílias Almeida Braga e Larragoiti naquele momento. "Sentamo-nos os três: eu, a Atlântica-Boavista e a Sul América, e criamos a Seguradora Vida e Previdência. A Augustus com 20%, e eles, com 40% cada um. Sonho de consumo nosso, dos três: convencer o Bradesco a entrar de sócio, para vendermos os planos de previdência privada no balcão do Bradesco. Era a chave para dar certo."

Apesar de o banco, naqueles tempos presididos pelo lendário Amador Aguiar[18], ser a maior instituição financeira privada do país, não era uma corporação dada a cometer ousadias comerciais. A estratégia talvez refletisse a perso-

---

[18] Nascido em Ribeirão Preto, em 1904, aos 16 anos trocou as lavouras de café por um emprego de *office-boy* no Banco Noroeste em Birigui (interior de São Paulo). Em seguida, foi trabalhar na Casa Bancária Almeida & Cia, de Marília, instituição que nos anos 1940 virou o Banco Brasileiro de Descontos (Bradesco). Autodidata, de comportamento ascético, Amador Aguiar galgou todos os postos executivos do Bradesco, virou acionista, tornou-se um lendário presidente do banco e, depois, de seu Conselho de Administração.

nalidade do líder, *"Seu"* Amador, que se tornou um marco na chamada "filosofia *bradesquiana*". Os sócios da Vida e Previdência acertaram que Braguinha, da Atlântica-Boavista, estaria encarregado de sondar e convencer o presidente do Bradesco a firmar parceria com o trio. Braga e Amador Aguiar tinham já alguma proximidade empresarial cunhada no dia a dia dos negócios. Em que pese serem próximos, a missão do controlador da Atlântica-Boavista não foi bem-sucedida.

"Eu insisti para que o Braguinha me deixasse falar diretamente com o "Seu" Amador. Ele resistia: 'Não garoto, pô, se eu não consegui, você vai conseguir?'", dizia ele, lembra Molina, com certo carinho, até reproduzindo o jeito despachado como costumava falar Antônio Carlos de Almeida Braga.

Na busca por alternativas de atalhos que o levassem diretamente a Amador Aguiar, com quem estava decidido a conversar para explicar o novo momento do negócio "previdência privada" no Brasil depois da Lei 6.435/77, Nilton Molina descobrira que a resistência do presidente do Bradesco em relação à combinação das palavras "previdência privada" se dava em razão da primeira incorporação realizada pela instituição. Em 1968, o Bradesco comprou o Banco Comércio e Indústria de Santa Catarina (Inco) e junto com ele, sem que análise prévia tivesse se apercebido, receberam a "IncoSAF". Era uma espécie de fundo de pensão informal, de antes da lei de 1977. Diversas empresas tinham planos semelhantes, que corriam por dentro das corporações e às expensas dos tesouros corporativos. Liquidar a "IncoSAF" terminou saindo mais dispendioso para o Bradesco do que a incorporação do banco Inco em si.

"A aversão ao 'risco previdência privada' do *Seu* Amador vinha dali", explica Molina. "Ao saber daquilo, insisti com o Braga para que ele me deixasse falar com o presidente do Bradesco. Fui tão insistente que o Braguinha marcou. Estávamos em fins de 1978. Sentei-me diante dele e disse que sabia o porquê de tanta resistência a escutar o que tínhamos para falar. 'Deixe explicar ao senhor o que é a lei agora', argumentei. Ele abriu a guarda. E eu segui: 'o tropeço de vocês com o Inco ocorreu porque não existia legislação. Agora, existe e ela dá garantia aos investidores'. Ele seguia me ouvindo com atenção. Veja bem, naquele momento ele já era uma personalidade mais calma, ainda mais circunspecta, extremamente cordial e sabia dar atenção aos interlocutores. Prossegui dizendo que entendia as reservas dele com o negócio 'caderneta de poupança' também, porque sabia que ele não gostava, e que já dizia que no futuro a conta não ia fechar, como de fato não fechou. Só fechava porque o governo sempre salvava na ponta, via Caixa Econômica. Daí disse para ele que a nova lei nos permitia receber, por exemplo, 100 cruzeiros do cliente, pela venda de um plano de previdência e separar 70% para remunerar com ORTNs (Obrigações Reajustáveis do Tesouro Nacional, título público emitido entre 1964 e 1986)[19] mais 6% ao ano. Ele retrucou: 'mas, isso é igual à caderneta de poupança'. Daí

---

[19] A principal característica da ORTN era garantir ao seu detentor uma correção monetária, evitando que a inflação corroesse as aplicações futuras. Em cenários de inflação muito alta — e o Brasil o teve, com a taxa de inflação chegando próximo a 1.000% ao ano antes do Plano Cruzado, em 1986, tais obrigações eram essenciais.

eu disse: não. E expliquei que, ao contrário da poupança, era apenas 70% do valor aplicado pelo cliente que a instituição estava obrigada a remunerar com ORTN mais 6% e, sobretudo, que nós poderíamos aplicar aquele dinheiro em qualquer título do mercado, não estávamos obrigados a emprestar para a construção civil a ORTN mais 12% ao ano, como se obrigava às cadernetas de poupança e ainda ficar com o risco de crédito. Então, a seguradora que oferecesse previdência privada teria um horizonte de captação diferente e excelente. E os 30% restantes do capital investido pelos segurados pagariam os custos operacionais, despesas em geral, o risco da morte e o que sobrasse seria o lucro. 'E o dinheiro, veja bem, o senhor vai poder aplicar na taxa de juro que melhor lhe aprouver, sem estar engessado a só aplicar na construção civil'."

Molina lembra que ao concluir sua exposição, quando ainda reinava um silêncio quase glorioso na sala, guardou bem a reação de Amador Aguiar.

"Ele chamou o Braga. Até então, estávamos a sós. Braga entrou. E *Seu* Amador então falou de chofre: 'Braga, você não me explicou as coisas direito. Você falou para caramba, diversas vezes, e eu não entendi nada. O moço aqui (apontando para mim) em pouco mais de cinco minutos me explicou a operação toda dessa previdência privada com a nova e lei e está fechado. Claro que quero fazer negócio com vocês!'", conta Molina, restaurando de memória uma das conversas capitais de sua vida empresarial.

"Sorri de orelha a orelha e olhei para o Braguinha, que também sorria. Quando saímos da sala do 'Seu' Amador provoquei ele, mas estávamos felizes e exultantes. 'Ué, garoto. Você pegou o homem já maciado, já pronto para a conversa. Fui eu quem preparou ele', contava, aos sorrisos, repassando afetivamente o momento. Aí o Bradesco ficou com a maioria das ações da Vida e Previdência original. Os meus 20% de capital viraram 5%. Atlântica-Boavista e Sul América, que tinham 40% cada uma, reduziram as participações proporcionalmente também e o Bradesco ficou com 51%. E mudou o nome da empresa para Bradesco Previdência."

Molina sempre considerou como seu grande mérito, naquele processo, o convencimento institucional do Bradesco a incorporar a Vida e Previdência e entrar num setor em que seu principal executivo resistia a fazê-lo. Amador Aguiar dera-lhe a missão de fazer todo o planejamento da nova companhia e a obrigação de estar presente nela como principal executivo — consequentemente, renunciando a suas outras atividades e negócios na Augustus Corretora. Ou seja, pela primeira vez desde que ingressara na maturidade, e já aos 42 anos de idade, Nilton Molina teria de renunciar à liberdade de inventar a própria rotina e estabelecer suas metas, para se adequar à rotina de uma corporação gigantesca, de perfil ascético e considerada conservadora mesmo, para os padrões pouco ousados do mercado financeiro brasileiro do fim dos anos 1970.

Do dia para a noite, alguns meses depois dessa conversa, a Bradesco Previdência incorporou 400 profissionais de vendas e alguns administrativos da Augustus. Eles se constituíram na base funcional da nova organização. Todos deixaram de ser funcionários da Augustus e passaram a ser funcionários do Bradesco, com carteira assinada e obrigações assumidas pela companhia controlada pelo banco. Helder, filho mais velho de Molina, que estava iniciando o segundo ano de Engenharia Eletrônica na Universidade Mackenzie foi convocado a suspender o processo inovador de criação de *startups* na área dele para se dedicar à Augustus junto com Fernando Mota e Renato Guedes, que ficaram na empresa original.

"Eu tinha de mergulhar na cultura do Bradesco, e a cultura do Bradesco me obrigava a chegar na Cidade de Deus[20], em Osasco, às 7 horas da manhã e sair sempre depois das 8 horas da noite sem tempo para pensar em mais nada. Paciência, aquele era o ritmo deles, e eu não ia mudar uma cultura que estava dando certo, e daria pela vida toda. Nem pretendia fazer isso. Então, eu entrei numa coisa chamada vida corporativa, com as vantagens e limitações dela, que não tinha vivido até então. Eu era, desde sempre, um empresário comissionado atávico. Quanto mais vendia, mais ganhava. Então, de repente, passava a ter salário e ganhar a mesma coisa no fim do mês. Era um choque. Na Augustus,

---

[20] Bairro em que está localizado a sede do Bradesco na cidade de Osasco, Grande São Paulo. Com o passar do tempo, "Cidade de Deus" passou a designar a sede da instituição sem a necessidade de apostos explicativos.

seguiam os negócios próprios. Naquela época, fim dos anos 1970, já não representávamos o GBOEX nem o Mongeral. Nós tínhamos a APEC, um clube de seguros, negócio muito comum naqueles tempos, que depois vendemos para a Atlântica-Boavista. Virou Club de Seguros ABS, e continua a existir até os dias de hoje. O Fernando Mota e o Renato Guedes foram para lá, cuidar disso lá dentro da Atlântica, como diretores. Até ali estava tudo muito bem, mas, não estava feliz. Com o passar dos anos, passei a me sentir preso demais ao Bradesco e quis recuperar a minha liberdade para fazer negócios".

Não demorou muito para que a Bradesco Previdência atingisse voo de cruzeiro. Entre 2020 e 2021, período em que este perfil biográfico foi escrito, era a maior empresa de seguros da América Latina. Ainda assim, Molina seguia infeliz: ouvia o chamado da floresta. Ou, para ficar no campo semântico da metáfora criada por ele, escutava o vento assobiar entre as árvores do bosque de carvalhos.

Em dezembro de 1982, enfim, Amador Aguiar concordou com a saída de Nilton Molina da subsidiária que ajudara a criar no banco. "Você tem de vender as suas ações", determinou Amador Aguiar. Molina não retrucou. "E, até eu morrer, terá de vir aqui uma vez por semana, às segundas-feiras, participar das reuniões do Conselho de Administração da companhia", seguiu o presidente do Bradesco, ampliando as exigências para a saída de Nilton Molina, que também aceitou. Por fim, a condição final imposta por *"Seu"* Amador: "e vai acertar todas as contas com o Braga. Ele que vai combinar com você o valor das ações que você terá de vender para o banco".

"Aí, respirei fundo", brinca Molina. "Conhecia muito bem o português. Ia levá-lo para o aeroporto quando terminasse aquela conversa. No carro, falei para ele: 'Braga, olha só, tem três formas de vocês me pagarem por isso. Pagam-me o valor histórico das ações em moeda nacional pela cotação de quando começamos esse negócio; ou, pagam-me o valor das ações em moeda nacional corrigidas pelas ORTNs[21], ou ainda, pagam-me o valor das ações corrigidas com um algo a mais, uma mais valia que vocês julgarem que eu mereço pelo sucesso do negócio. Eu não vou discutir. É na quarta-feira que vão me pagar? Quarta-feira vou lá, vou assinar o contrato e botar o cheque no bolso sem olhar'. Ele ainda tentou retrucar. 'Ô, garoto...', disse. Daí eu entrei firme de novo, era um distrato entre amigos. Respondi a ele: 'Braga, eu não sou idiota. Tenho apenas 48 anos. Tenho a vida toda pela frente. Não vou brigar com você, com 'Seu' Amador. Muito menos com o Bradesco. Se brigar, vou perder. Estamos falados, e você na quarta-feira me apresenta o contrato, eu assino, e pego o cheque. Sem discussão."

E foi feito daquela forma, como combinado. Numa quarta-feira, 29 de dezembro de 1982, Nilton Molina foi à sala de Antônio Carlos de Almeida Braga, na Cidade de Deus, assinou o distrato da sociedade na forma como lhe fora

---

[21] Obrigações Reajustáveis do Tesouro Nacional (*i.e.*).

apresentado, pegou o cheque referente ao cálculo efetuado pelo até então sócio e o pôs no bolso. Só conferiu o valor depois: era o equivalente em moeda nacional àquilo que custavam as ações na incorporação da Vida e Previdência pela Bradesco Previdência e mais a correção por ORTNs.

"Não carreguei frustração nenhuma comigo. Fui ser feliz. Peguei aquele cheque e sabe o que fiz? Comprei o Mombras[22]. No dia seguinte, cheguei felicíssimo a Angra dos Reis, no Rio, aonde a Sara e os meninos estavam hospedados na casa de um grande amigo, o Antonio Carlos Lobato, e já me esperavam para o fim de ano. Estava radiante. Eu sou um virador de páginas. Hoje[23] a Bradesco Previdência vale algo como US$ 30 bilhões. Eu tinha 5%. Fazendo cálculos frios, eu teria quanto se tivesse ficado lá? US$ 1,5 bilhão. Mas, não teria isso, porque eu estaria morto ou infeliz. Virei a página, sei que recebi mais do Bradesco ao longo da vida do que dei ao Bradesco, comprei o Mombras e comecei tudo outra vez. No dia 2 de janeiro de 1983 estava já sentado em minha nova sala no Mombras, na rua Xavier de Toledo, em São Paulo, junto com o Fernando Mota, a quem convidei para estarmos juntos mais uma vez no novo desafio".

---

[22] Montepio Brasileiro, entidade que depois de transformada em sociedade anônima, foi a base da Icatu Seguros, que Molina criou junto com a família de Antônio Carlos de Almeida Braga.

[23] Refere-se a dezembro de 2020.

* * *

A persistência de Molina no contínuo aperfeiçoamento da legislação que rege o setor de previdência privada terminou por fazer a própria trajetória biográfica dele, vez ou outra, flagrá-lo em caminhos paralelos com as calorosas e, por vezes tortuosas, estradas vicinais da política. Como antecipou o ministro Nascimento e Silva para o jovem que assessorava a FENASEG naqueles debates iniciais que deram origem ao simpósio organizado por Mário Henrique Simonsen, os governantes estavam confortáveis com a situação de um sistema previdenciário ainda superavitário e não se sentiam estimulados a olhar adiante e planejar o futuro. Logo, os generais-presidente nunca entabularam uma discussão sobre "reforma da previdência".

Em 1974, os Estados Unidos promulgaram o *Employee Retirement Security Act* (conhecido pela sigla ERISA). Foi a primeira legislação mais completa destinada a abrir um guarda-chuva de proteção ampla para trabalhadores do setor privado e assegurar um arcabouço jurídico moderno para os planos de pensões e aposentadoria privados. Foi a ERISA também que fomentou o processo de desmutualização das entidades não lucrativas de seguro de vida norte-americanas. Diversos países seguiram, em sequência, o processo iniciado nos EUA. No Brasil, o simpósio organizado por Mário Simonsen inspirou-se nessa legislação.

Molina havia sido premonitório ao apresentar ao então ministro Nascimento e Silva o rol de preocupações com a ampliação da longevidade humana e o impacto do fenômeno nas contas da previdência privada de diversos países do mundo. E no Brasil não se daria de forma diferente. Na América do Sul, o Chile foi o país que mais rapidamente implantou um sistema de previdência privada de participação obrigatória, organizado pelo estado, mas de gestão privada. Além disso, o sistema chileno já se voltava de forma evidente para o inescapável aumento da longevidade humana.

Em razão daquele processo que se dava na América do Sul, bem pertinho do Brasil, e por causa da sua colaboração com o processo legislativo nacional para a área, em 1982, Nilton Molina foi convidado a integrar uma comitiva de deputados brasileiros que foram a Santiago reunir-se com o poderoso ministro do Trabalho, Previdência Social e Mineração do general Augusto Pinochet, José Piñera, que havia sido o criador do novo sistema chileno.

O objetivo da viagem era estudar o modelo do novo sistema previdenciário do Chile. No grupo de parlamentares, dois jovens deputados virariam ministros anos depois: o paranaense Reinhold Stephanes, ministro da Previdência Social nos governos de Fernando Collor e Fernando Henrique Cardoso, e o pernambucano José Jorge, ministro das Minas e Energia também no curso dos mandatos de FHC. Dando vezo ao seu proverbial hábito de perguntar tudo, pedir explicações detalhadas sobre todos os aspectos de um tema e comparar casos semelhantes em meio a exposições de terceiros, Molina viu convergirem para si as atenções dos expositores chilenos. Como era o único sem mandato e sem cargo público dentre os brasileiros, o deputado José Jorge sugeriu que passassem a chamá-lo de "senador". Molina quis saber o porquê. Espirituoso, o parlamentar pernambucano logo respondeu: "porque a turma aqui logo vê que você é quem mais entende do assunto. É quem faz as perguntas, é para você que eles se dirigem. Então, para ficar logo parecendo que está acima de nós, é o 'senador'".

A partir daquela viagem a Santiago, consolidou-se uma amizade entre Nilton Molina e o grupo de políticos para os quais personificara um senador informal. Apesar do périplo técnico à capital chilena, entretanto, o tema "previdência social" ainda demoraria duas décadas para ganhar tração tanto no Congresso Nacional, quanto no governo brasileiro.

* * *

O dia em que Molina encontrou um visionário

Entre 1980 e 1981, numa data que nem a memória de Nilton Molina, nem a pesquisa histórica das passagens do industrial e empreendedor norte-americano Daniel Keith Ludwig pelo Brasil deixam precisar, o despretensioso convite que Antonio Carlos de Almeida Braga lhe fez para ouvir uma palestra sobre o "Projeto Jari" na sede da Atlântica-Boavista, no Rio de Janeiro, mudou a forma como ele encarava o planejamento futuro de projetos de grande envergadura.

Em 1967, já septuagenário, Daniel Ludwig, à época dono de uma das maiores fortunas do mundo e com empresas espalhadas por 20 países, comprou a Empresa de Comércio e Navegação Jari Ltda., detentora de extensas áreas na Amazônia brasileira. Ludwig reestruturou o pequeno negócio e criou a holding *Jari Florestal e Agropecuária Ltda. O complexo era gerenciado pela norte-americana Universe Tankship Inc., por sua vez subordinada desde 1979 ao Ludwig Institute for Cancer Research, entidade de direito privado com sede na Suíça.*

Legalmente, Ludwig comprovou a propriedade sobre cerca de um milhão e seiscentos mil hectares de terra, entre títulos de propriedade plena, títulos de aforamento e títulos de posse legitimáveis. O empresário reivindicava, no entanto, o direito de propriedade sobre uma área ainda mais extensa, por ele estimada em torno de três milhões de hectares.[24]

A principal atividade prevista no início do Projeto Jari foi a extração e produção de madeira destinada à fabricação de celulose. Para isso, 100 mil hectares de floresta nativa foram reflorestados com duas espécies vegetais importadas: a Gmelina arborea *e o* Pinus caribea*. No setor agropecuário, desenvolveu-se a maior área contínua de cultivo de arroz do mundo, além da criação de milhares de cabeças de gado. No setor de mineração, destacou-se a extração de*

---

[24] Documento "Projeto Jari" do CPDOC da Fundação Getúlio Vargas. O uso de informações do CPDOC/FGV prossegue até o 6º parágrafo desse texto de suporte.

caulim, além do domínio sobre importantes reservas de bauxita, minério de ferro, quartzo, calcáreo e ouro. Para dar sustentação a todas essas atividades, Ludwig construiu uma extensa rede de infraestrutura que incluía dezenas de quilômetros de ferrovias, centenas de quilômetros de rodovias, um porto e três vilas residenciais.

Para sede do projeto foi fundado, por iniciativa de Ludwig, o núcleo urbano de Monte Dourado, localizado em área pertencente ao município paraense de Almeirim. Até o final da década de 1970, a presença do poder público em Monte Dourado era bastante precária. Em junho de 1978, o prefeito de Almeirim dizia pretender estabelecer uma subprefeitura em Monte Dourado e promover a ligação rodoviária com a sede do município. Ainda em julho de 1979, o ministro do Interior, Mário Andreazza, em visita ao Jari, defendeu a adoção de medidas que efetivassem a presença do poder público na região. Foi somente a partir dessa época, quando o projeto começava a apresentar problemas financeiros, que Daniel Ludwig passou a reivindicar o estabelecimento de órgãos estatais no interior de suas propriedades.

Maior companhia florestal do planeta e mais extensa propriedade agrícola do mundo pertencente a uma só pessoa, o Jari envolveu um total de investimentos próximo de um bilhão de dólares. Por suas dimensões e por ser controlado por um empresário estrangeiro, foi objeto de inúmeras críticas e denúncias no decorrer de sua existência.

Daniel Ludwig era já um octogenário, nas franjas de completar 85 anos, quando o debate político interno, no Brasil, recrudesceu em torno de sua presença e seus projetos na Amazônia. O país vivia o fim do ciclo dos governos militares, e mesmo simpatizantes e aderentes ao regime dos generais iniciado em 1964 divergiam em relação aos planos de desenvolvimento da Amazônia calçados no Projeto Jari. Além do que, deixava claro o próprio Ludwig, os frutos de tudo o que ele vislumbrava seriam colhidos bem distantes daquele início de década de 1980. Ele estimava, como disse na palestra à qual Molina compareceu, que o Jari daria retorno a partir dos anos 2000, "sobretudo depois de 2010".

"Eu fiquei ao mesmo tempo perplexo e extasiado ao ver um homem rico, extremamente rico, bem-sucedido, visionário... revelar ganas, gás e energia que só vemos nos jovens extremamente otimistas e sonhadores para tocar um projeto cujos resultados ele não veria: por otimista que fosse, ele não viveria até os 110 ou 120 anos para ver o fruto de suas ideias e de sua persistência", conta Molina. "Foi naquela palestra que comecei a compreender o desafio que seria para mim, e que é para as pessoas, lidar com a longevidade e com o legado. Ser visionário, sonhar, lutar pela execução de um projeto que você não verá, mas que é o seu sonho, passou a ser uma espécie de motor para mim também. E eu era muito jovem ainda, não havia entrado na casa dos 50 anos."

Molina e Bradesco
Saúde, uma breve história

Os planos de saúde privada no Brasil, como estão estruturados nos dias atuais, floresceram antes do estabelecimento de legislação pertinente, a Lei 9.656 de 1998. Na origem de tudo estavam os hospitais beneficentes que vendiam aos membros de suas comunidades uma espécie de título que dava direito ao uso das instalações e dos serviços médicos ofertados. Como exemplo, tomem-se os hospitais mantidos pela colônia portuguesa e os de ordens religiosas como o Hospital Silvestre dos Adventistas no Rio de Janeiro.

Do Hospital Silvestre nasceram a SENASA por volta de 1966 e logo depois, em 1971, a Golden Cross, que era uma entidade sem fins lucrativos mantida pelo empresário Milton Soldani Afonso.

Por volta de 1972, Nilton Molina conheceu Afonso. À época, a Augustus, empresa de Molina, tinha filial na rua Graça Aranha, centro do Rio, e a Golden Cross nascera num prédio vizinho, na mesma rua. Os dois empresários passaram a dialogar sobre assuntos de interesse comum: os programas de vendas de suas respectivas empresas. Molina tinha uma grande equipe de corretores de vida e previdência e Milton montara uma vitoriosa estrutura comercial. Milton Afonso, não obstante ter sido o criador de uma entidade de saúde suplementar, não era médico: sempre foi um homem de negócios.

Em 1983, Molina já não era mais executivo e acionista na Bradesco Previdência, porém seguia como membro do Conselho de Administração, e conservava presença constante nos negócios de seguros do banco em razão do relacionamento que mantinha com os executivos da casa e com Braga e Mário Petrelli. Respectivamente, presidente e vice-presidente da Atlântica-Boavista que estava em transformação para Bradesco Seguros.

Em fins de 1980, início de 1981, os negócios de seguro--saúde começavam a ganhar forte presença no mercado. Além da Golden Cross e da Senasa, as Unimeds começavam a proliferar. Nessa época, havia outras empresas em operações como Sancil, Medial e umas dezenas de denominações diversas. Com a visão de homem de seguridade social, Molina entendia fazer sentido a Bradesco Previdência imaginar uma empresa de seguro-saúde. Apresentou, então, um projeto para Amador Aguiar: o Hospital Gastroclínica, atualmente denominado "Edmundo Vasconcelos" e mantido pela Fundação Bradesco, seria o hospital âncora de um projeto experimental de seguro-saúde. O presidente do Conselho do Bradesco não quis nem continuar falando sobre o tema e o projeto foi esquecido.

Dois anos mais tarde, o Banco Itaú, através da sua companhia de seguros, surpreendeu o mercado e lançou seu plano de saúde privada. Denominava-se Hospitaú. A iniciativa mexeu com os brios característicos do pioneirismo *que é a marca de atuação do Bradesco. O banco resolveu entrar no negócio. Na época, a Atlântica-Boavista fora convertida em Bradesco Seguros. Antônio Carlos de Almeida Braga e Mário Petrelli foram instados pelo banco para estudar e estruturar um negócio de seguro-saúde. Petrelli foi designado líder da iniciativa.*

O plano do Hospitaú tinha criado uma novidade no mercado, o que se convencionou chamar de "compra de carência". Ou seja, o cliente podia sair do seu plano de origem e migrar para o Hospitaú sem precisar observar prazos de vigência do novo plano de saúde. Petrelli chamou Molina para colaborar no planejamento. Concluíram, ao cabo de longas reuniões, que a tal "compra de carência", da forma que o Itaú tinha lançado era, como de fato se constatou, antisseletiva: custaria muito caro. A conclusão da dupla: era mais interessante comprar uma operação inteira de um concorrente para que a Bradesco Saúde começasse com escala suficiente para rapidamente ultrapassar o Hospitaú.

Assim foi feito. Petrelli e Molina procuraram Milton Afonso para dizer a ele que sabiam da fase de dificuldades da Golden Cross. Propuseram a compra de toda a carteira de planos individuais, denominada "Plano Internacional". O negócio foi concluído e nasceu a Bradesco Saúde.

Por obra do destino, em 15 de março de 1985, o afável político maranhense José Sarney se tornou presidente da República — assumiu no lugar de Tancredo Neves, internado na madrugada da posse e morto a 21 de abril do mesmo ano sem jamais ter entrado no palácio investido do cargo para o qual fora eleito indiretamente pelo último Colégio Eleitoral da história contemporânea brasileira. Em tal condição de fragilidade política, vendo a todo momento a legitimidade de seu mandato ser questionada, Sarney cuidou da imensa tarefa de fazer a transição do regime autoritário para a democracia. No meio do caminho, meteu-se numa aventura econômica heterodoxa denominada Plano Cruzado. Congelando preços e salários, desconhecendo as regras básicas do funcionamento da economia de mercado, Sarney desorganizou de tal forma a máquina do estado que não lhe sobrou tempo para ao menos pensar e rascunhar reformas previdenciárias.

Ainda assim, graças à presença do banqueiro paulistano Fernão Bracher[25] na equipe econômica de Sarney, Nilton Molina abriu uma gigantesca janela de oportunidade para melhorar o ambiente de negócios do setor de previdência privada no Brasil durante o Plano Cruzado. Os dois eram amigos desde os tempos em que Bracher ocupara uma

---

[25] Fernão Bracher iniciou a carreira como advogado do escritório Pinheiro Neto. Depois, iniciou carreira no sistema financeiro no Banco da Bahia e foi executivo da Atlântica-Boavista Seguros. Em 1981, tornou-se vice-presidente do Bradesco e em 1983 saiu de lá para uma diretoria do Banco Central. Em 1985, foi alçado à presidência do BC. Morreu em 11 de fevereiro de 2019.

diretoria da Atlântica-Boavista Seguros e, depois, uma vice-presidência do Bradesco.

"Era necessário fazer um esforço para começar um movimento de desmutualização das entidades de previdência privadas no Brasil, transformando as mútuas em seguradoras. Foi quando consegui uma abertura na lei que criou o Plano Cruzado[26]", contou Molina, orgulhoso, em seu segundo depoimento ao CPDOC da Fundação Getúlio Vargas, concedido em 2007. "O Bracher era amigo meu, havíamos sido colegas de trabalho no Bradesco, e conseguimos incluir no Decreto-Lei do Cruzado o primeiro passo para a desmutualização. Admitia-se a partir dali a transformação de uma entidade sem fins lucrativos em sociedade anônima. Criaram-se, então, condições tributárias muito vantajosas para os empresários que investissem recursos no processo de transformação", segue explicando Molina. "Ao lançar o capital na pessoa jurídica, tudo passava a ser encarado como despesa operacional e isso foi um imensurável estímulo à desmutualização das empresas de previdência privada. Todo o dinheiro que essa nova companhia, formada dentro daquela nova lei, viesse a ganhar, estaria isento do imposto de renda em seu primeiro ano de operação.

O mercado segurador e outros investidores aproveitaram a oportunidade aberta a partir daquele decreto-lei. Foi uma iniciativa muito bem-vinda para largos setores da economia

---

[26] Decreto-Lei 2.284 de 10 de março de 1986. Depois, o Decreto-Lei 2.290, de 21 de novembro do mesmo ano, estabeleceu normas de desindexação da economia brasileira, o que também foi relevante para o setor de seguros de vida e previdência privada.

nacional, porque ia ao encontro de anseios de investidores, empreendedores e principalmente do interesse do país. O Brasil contava, na ocasião, com cerca de 300 entidades de previdência privada sem fins lucrativos. Com o mecanismo instituído, esse número caiu vertiginosamente para apenas 30 no curto período de um ano.

Os antigos montepios, constituídos em forma de mútuo, iam se fundindo ou encerrando suas atividades. Um deles, o Montepio da Família Militar (MFM), faliu em 1986, deixando mais de 70 mil credores e abalando a credibilidade do sistema de previdência privada. Praticamente no mesmo período, a CAPEMI — Caixa de Pecúlios, Pensões e Montepios Beneficente —, que chegou a ser o maior sistema privado brasileiro de pecúlios, montepios e previdência complementar sem fins lucrativos, ou seja, assentado na forma de mútua passou por enorme turbulência financeira. Por imposição dos militares, a entidade criou uma subsidiária denominada Agropecuária CAPEMI e foi instada a remover toda a madeira do grande lago artificial que seria formado durante a construção da Usina Hidrelétrica de Tucuruí, no Pará.

A operação de remoção da madeira foi um desastre, a empresa não tinha nenhuma *expertise* em reflorestamento, e a subsidiária da CAPEMI faliu. Tudo ocorreu em paralelo à implantação das novas diretrizes legais emanadas da Lei 6.435/1977, que havia organizado todo o sistema brasileiro de previdência complementar. A nova legislação impedia que a empresa agropecuária fosse socorrida com o patrimônio representado pelas reservas técnicas e legais que garantiam os planos dos segurados da CAPEMI. Ou seja, o estoque financeiro da seguradora CAPEMI permaneceu preservado.

"Ninguém conta essa história direito: ali estava a beleza da lei novinha em folha que o país havia conquistado", narrou Molina aos pesquisadores da Fundação Getúlio Vargas. "O síndico da massa falida da empresa agropecuária quis acessar as reservas da CAPEMI e não pôde. A CAPEMI Montepio era administradora de reservas que pertenciam aos mutuários. Então, a reflorestadora quebrou e a CAPEMI levou a vida adiante na área de pecúlios e previdência privada, transformou-se e continua firme e forte atualmente. Contudo, ficou o carimbo em todo o setor."

Além de terem de se adequar à nova legislação que entrava em vigor, as empresas que aderiam ao processo de desmutualização tinham de trabalhar dobrado para não deixar o ambiente de insegurança contaminar o setor depois da falência do MFM e do vendaval na CAPEMI.

"Foi em meio àquele processo, dos tempos do Cruzado, que transformei o Mombras, uma entidade de porte médio, menor que o Mongeral, em uma sociedade anônima de seguros de vida e previdência privada. Eu havia assumido a gestão do Mombras em janeiro de 1983, dias depois de ter deixado a diretoria da Bradesco Previdência. Naquela época, para desenvolver as vendas do Mombras, não era mais possível tocar a força de venda através de um sistema de corretores funcionários. Já tinham se passado 15, 20 anos, desde a novidade que implementamos com a Augustus e que impactara muito bem o mercado. Financeiramente, do meio para o fim dos anos 1980, os custos sociais tornavam proibitiva a manutenção de uma equipe de corretores funcionários. Mas, ainda assim, o pessoal que eu, o Fernando Mota e o Renato Guedes havíamos formado, era uma força de venda notável", narra Molina, para então explicar o começo de uma nova guinada pessoal que daria em sua vida. "Desde o final dos anos 1980 e início dos anos 1990, comecei a entender que ia ser imprescindível ter capital novo na companhia para financiar o crescimento naquele ritmo e que, portanto, não poderia continuar sozinho. Os grandes bancos já tinham começado a entrar no mercado e as seguradoras estrangeiras logo iriam perceber que os negócios de seguro de vida e previdência era um mercado novo e promissor. Foi quando comecei a procurar parceiros[27] que pudessem agregar capital financeiro e *expertise* para os negócios da Mombras Seguradora S.A."

Ainda durante o governo José Sarney (1985-1990), Nilton Molina experimentou uma participação mais aguda em trabalhos de assessoramento à construção de políticas públicas. Foi quando integrou, em paralelo, o Conselho Nacional de Seguros Privados e o Conselho Nacional de Seguridade Social.

---

[27] Depoimento de Nilton Molina ao CPDOC/FGV.

"O conceito de 'seguridade' é um espanholismo trazido para cá. Na verdade, é algo bem maior que seguro e previdência. Fiz parte daqueles dois conselhos públicos e foi uma lição de vida. Trabalhar com o governo, vendo os processos por dentro, é algo difícil, esquisito, mas concede a você uma visão mais profunda do país."

Na busca por parcerias que lhe concedessem a retaguarda financeira que não tinha, Molina estabeleceu três *targets* a serem perseguidos: a seguradora espanhola Mapfre, que ainda não havia desembarcado no Brasil, o banco BBA — instituição que Fernão Bracher fundara com outro executivo do Bradesco, Antônio Beltrán Martinez, depois de sair do Banco Central —, e a família de Antônio Carlos de Almeida Braga[28]. Depois de Braguinha ter deixado de ser acionista do Bradesco, seus filhos fundaram uma instituição familiar, o Icatu. Uma sociedade com os filhos de Almeida Braga foi a parceria celebrada por Molina.

"Quando deixamos a sociedade com o Bradesco, de forma plena e completamente amigável, precisamos criar algumas empresas para administrar nossos recursos", explica Kati de Almeida Braga, filha de Braguinha e sucessora do pai na liderança dos negócios da família. "Fundamos também uma agência publicitária junto com Nizan Guanaes, a DM-9.

---

[28] Antônio Carlos de Almeida Braga, o Braguinha, foi sócio controlador da Atlântica-Boavista Seguros, chegou a ser o maior acionista individual do Bradesco e presidente do conselho do banco. Foi um dos maiores patronos do esporte brasileiro em todos os tempos. Por meio século, foi um dos mais próximos amigos de Nilton Molina. Braguinha morreu em 12 de janeiro de 2021, em sua quinta de Sintra, Portugal, aos 94 anos.

E decidimos criar uma seguradora. Eu disse ao meu pai, ao meu irmão, aos nossos executivos: só faço uma empresa seguradora se o Molina estiver junto. Desde o dia em que fui apresentada a ele pelo meu pai, desenvolvi com Molina uma relação de confiança e de admiração profissional ímpares."

"Nilton Molina é um dos homens mais trabalhadores, mais persistentes, mais corretos e mais adoráveis que já conheci. Quando decidimos criar um novo negócio tendo-o como sócio e líder da área de seguros, e depois da área de capitalização, nunca duvidei que daria certo", assevera por sua vez Luís Antônio Almeida Braga, irmão de Kati, em depoimento colhido por Oswaldo Miranda. "Meu pai soube transferir para nós toda a confiança que ele também depositava no Molina."

* * *

Em 1990, o alagoano Fernando Collor de Mello tomou posse como o primeiro presidente eleito diretamente depois do período dos governos militares. Ele entabulava um discurso de modernização do país. Contudo, cedeu à mesma sedução dos falsos milagres vendidos a Sarney. Além de congelar preços, Collor promoveu um confisco em depósitos bancários, desrespeitou contratos privados e, nas primeiras semanas de mandato, queimou sua largada no cargo. Cassado por corrupção pouco mais de dois anos depois, foi sucedido pelo engenheiro civil mineiro Itamar Franco. Assumindo no olho do furacão uma crise política — o primeiro *impeachment* de um presidente da República levado a cabo na história política ocidental — e se vendo obrigado a lidar com uma inflação de 130% ao ano em outubro de 1992, Itamar tampouco olhou para o planejamento previdenciário brasileiro. Tendo de dar posse a quatro ministros da Fazenda nos sete primeiros meses de mandato (Gustavo Krause, Paulo Haddad, Eliseu Resende e, por fim, Fernando Henrique Cardoso), somente fixou-se no último deles, Fernando Henrique Cardoso. Foi a ele que confiou a liderança da equipe que faria o Plano Real.

Mas, Nilton Molina seguiu firme na estruturação do próprio negócio esperando o vento virar e estufar as velas do mercado de seguro e previdência privada. Era a hora de limpar o campo no bosque de carvalhos e cevar as mudas que ele plantava havia já um quarto de século.

"Em novembro de 1991, trocamos a placa de Mombras para Icatu. Então, Icatu Seguros, a partir de 1996, Icatu Hartford Seguros e agora novamente Icatu Seguros[29]. Era a entidade que eu havia assumido em 1983 e que, em 1987, capitalizei transformando-a em Sociedade Anônima, investindo o valor correspondente ao cheque que havia recebido do Braga pela venda das minhas ações da Bradesco Previdência. "Não vendi a companhia, meu capital na nova sociedade foi a soma dos ativos e a capacidade operacional e comercial instalada que transferimos para a Icatu. Fiquei com a empresa, Mombras S.A., e depois liquidei-a de outra forma."

---

[29] Refere-se a janeiro de 2021, quando o presente relato biográfico estava sendo escrito.

* * *

A cassação de Fernando Collor e a subsequente ascensão de Itamar Franco à presidência da República, descontadas as turbulências econômicas dos primeiros meses de mandato do homem que fora vice de Collor, fez o Brasil conhecer o início de um longevo e incomum período de otimismo, previsibilidade e crescimento que perdurou por mais de duas décadas, até 2013. O início dessa nova quadra, justamente o período compreendido entre 1993 e 1996, flagrou um Nilton Molina extremamente sensível aos ventos que traziam mudança no mercado de seguro de vida e de previdência privada. A parceria empresarial com a família Almeida Braga e a solidez do banco Icatu conferiam-lhe segurança para os passos decisivos que daria naquele momento.

"Foi uma vez instalado no Icatu que formulei a teoria, podemos chamar assim, das plantações de couve e de carvalho para definir as duas formas de financiar nosso negócio", conta Molina. "Quando ficou claro que o Plano Real era para valer, que o Brasil poderia mesmo consolidar a sua moeda e entrar num processo virtuoso de liberalização da economia, ressurgiu por aqui um grande negócio de outrora: capitalização com sorteios. Eu entendi esses sinais. A capitalização, uma forma de fazer as pessoas construírem uma reserva financeira a longo prazo, corrigindo monetariamente as aplicações e estimulando a pontualidade dos depósitos com sorteios, havia feito algum sucesso entre os brasileiros nos anos 1920, 1930, até o começo dos anos 1950, quando a inflação galopante inviabilizou tudo. Eu vi o mercado de capitalização renascendo. Outros também viram, o mérito não foi só meu, mas eu estava na presidência da Icatu Seguros e sabia exatamente o que fazer. Além disso, tinha as ferramentas nas mãos, o parceiro certo: criamos a Icatu Capitalização."

O Icatu foi um parceiro fundamental do Banco do Brasil, ainda durante o governo Itamar Franco, na criação da BrasilCap. Era uma empresa de capitalização da maior instituição financeira da América Latina, o BB, sócio com 49% das ações e integrada ainda pelo Icatu, Sulamérica e Aliança da Bahia que detinham 17% do capital cada um.

"Por que eu digo que Molina era um visionário? Ora, porque ainda durante o governo Sarney, que acabara em 1985, ele desenhou o esqueleto da BrasilCap. Mas, a empresa só saiu do papel na gestão de Itamar Franco, e porque encontramos na presidência do Banco do Brasil um gestor público de primeira, o Alcir Calliari", contou Mário Petrelli em depoimento a Oswaldo Miranda, curador da memória do Grupo Mongeral Aegon. "Foi bonito ver aquilo saindo do papel e estimulando a Caixa Econômica a fazer o mesmo."

Logo depois que o BB criou a BrasilCap, a Caixa Econômica, instituição também submetida ao controle público, convidou o Icatu para unir-se a ela na FederalCap. Era uma empresa de capitalização da Caixa, e Molina mais uma vez foi o líder destacado para desenhar o modelo no outro grande banco estatal brasileiro. Alguns dos maiores bancos privados da época — Bradesco, Banco Nacional, Bamerindus e, logo depois, o Itaú — também haviam criado empresas de capitalização próprias.

Tendo visto o regresso da capitalização antes que a onda formasse sua crista volumosa e elegante no mar de almirante dos primeiros anos do Real, a valorizada moeda brasileira instituída em 1994, Molina acumulou *expertise* para rodar o Brasil buscando parcerias para a Icatu Capitalização em novos e potencialmente rentáveis negócios. Exercitando ao limite sua habilidade ímpar de seduzir, conversar, insistir, ele conseguiu uma proeza notável no mercado financeiro: fechou parceria com 20 dos 24 bancos estaduais[30] que o país tinha naquele momento e com outros 20 bancos privados de médio porte que existiam e eram presentes no cotidiano brasileiro, antes da onda de fusões e aquisições do setor ocorrida entre 1995 e 2000.

"Em 1999 a Varig[31] me concedeu uma estrela e designou-me 'passageiro especial'. Só naquele ano eu fiz, com eles, 280 pernas de voo dentro do Brasil. Fui à sede de todos os bancos estaduais brasileiros, com exceção do Banco do Maranhão. Mas, depois fui buscá-los para o nosso sistema", conta Molina, entre exultante e orgulhoso. "O Icatu arquitetou, montou, tocou planos de capitalização para praticamente todos eles."

Atualmente, apenas o Banrisul, do Rio Grande do Sul, o BRB, do Distrito Federal, o Banestes, do Espírito Santo

---

[30] Exceto os estados de Rondônia, Roraima e Amapá, todas as unidades da federação possuíam ao menos uma instituição financeira de cunho estadual. Praticamente todas elas foram liquidadas ou incorporadas ao Banco do Brasil por determinação do Banco Central ao longo dos dois mandatos do presidente Fernando Henrique Cardoso.

[31] Viação Aérea Rio-Grandense, empresa criada no Rio Grande do Sul nos anos 1960, converteu-se ao longo das décadas de 1970 e 1980 na maior empresa aérea do Brasil e da América do Sul.

e o Baneser, de Sergipe, mantêm parceria com a Icatu Capitalização, todos os outros bancos estaduais foram privatizados e mudaram de controlador. Com as parcerias celebradas com as instituições financeiras privadas de médio porte também aconteceu o mesmo, são novos tempos.

Fenômeno semelhante se deu nos planos de previdência. Consolidado o Plano Real e com a reforma da previdência tendo entrado de vez no portfólio de discussões urgentes das políticas públicas brasileiras, o governo Federal esboçou dois tipos básicos de planos — o VGBL (Vida Gerador de Benefício Livre) e o PGBL (Plano Garantidor de Benefício Livre). Por meio de estímulos fiscais dados aos cidadãos, e com garantias adicionais em relação a outras aplicações de longo prazo do mercado financeiro, o objetivo do estado era ampliar a poupança pública estimulando cidadãs e cidadãos a aderir a esses planos. Parte das instituições financeiras titubeou na hora de aderir ao sistema. A Icatu Seguros, não. Mais uma vez sob a liderança de Molina, que era sócio e presidente, foram pioneiros no lançamento dos planos modernos de previdência privada no Brasil. Ainda em 1998, antes mesmo da popularização da internet (e, posteriormente, da transformação da rede mundial de informações se converter no maior sistema de comunicações da história), o Icatu lançou um plano 100% digital, o PGBLNet, que alcançou um sucesso enorme. Como resultado disso, até março de 2021, quando o presente relato biográfico foi escrito, a Icatu Seguros liderava o mercado de planos PGBL e VGBL em todo o país dentre as companhias que não são instituições financeiras ligadas aos grandes conglomerados como Banco do Brasil, Caixa Econômica Federal, Santander, Itaú e Bradesco.

"Seguro de vida individual é algo completamente diferente do seguro de carro, por exemplo", conceitua Kati de Almeida Braga. Segue ela: "Com seguro de carro, você fecha três, quatro contratos hoje e paga um sinistro amanhã. Fecha mais um contrato, paga mais dois sinistros, e vai girando nesse ritmo. Seguro de vida, não. Tem uma barreira na entrada, é preciso fazer o negócio ganhar corpo porque as despesas virão lá na frente. E, na época em que decidimos entrar com tudo nesse mercado, só uma pessoa podia inventar a fórmula para tonar tudo sustentável: Nilton Molina. Ele fez isso também com a Icatu Capitalização, com a liderança dele, e depois com a forma criativa do nosso PGBL. Onde quer que vá, ele lidera. Hoje, somos concorrentes, ou estamos concorrentes. Mas eu o admiro e tenho confiança irrestrita nele".

Carlos Alberto de Figueiredo Trindade Filho, executivo que Molina levou para o Icatu e que, tempos depois, tornou-se presidente da seguradora, assevera a avaliação de Kati de Almeida Braga.

"Nós, na Icatu Seguros, tivemos força e discernimento para influenciar a criação do mecanismo dos planos PGBL da forma como o governo os criou, dando segurança aos clientes. O Molina foi quem liderou todo aquele processo, ele também anteviu a migração dos clubes de seguro de vida em grupo para o interesse das pessoas pelo seguro individual.

No nosso mercado, estar atento para perceber esses sinais antes da concorrência faz toda a diferença, e Molina sempre fez toda a diferença", diz ele.

Trindade conviveu diariamente, por quase uma década, com Molina. Desenvolveu por ele um afeto quase filial e deixou isso claro ao narrar para Oswaldo Miranda a forma como compreendeu e apreendeu os diferenciais competitivos do ex-chefe e mentor na Icatu Seguros.

"Ele me ensinou a estudar, planejar e executar os improvisos. Ou seja, ele me ensinou que improvisos não existem", diz Trindade. "Na primeira festa que fui do Galo de Ouro[32], convidaram-me a fazer um discurso como executivo. Senti-me importante e preparei um discurso escrito. Senti que havia ido bem, e havia! Desci do palco e o Molina me chamou num canto para dizer: 'No ano que vem, escreva umas fichinhas só para se guiar. Ponha o raciocínio nessas fichas, mas fale com a alma'. Fiz assim. Passando-se um ano, novo discurso e usei as fichinhas. Não fui mal. Desci, fui para a mesa do Molina e, no terceiro uísque, ele comentou:

---

[32] "Galo de Ouro" foi a denominação do troféu criado por Nilton Molina, ainda nos anos 1960, para agraciar e destacar os corretores de seguros de melhor desempenho na época da Augustus Promoções e Vendas. Sempre no mês de dezembro, os times das diversas áreas das empresas administradas por Molina se reúnem para congraçamento e revelação dos agraciados. O evento se converteu numa tradição do setor e Molina levou-o, inclusive, em formato adaptado, para dentro da Bradesco Previdência (lá assumiu o nome de Troféu Locomotiva, celebrado ainda hoje), no período em que foi o principal executivo da área na instituição.

'Ano que vem, escreva só umas palavras-chave. Só para não esquecer o que vai dizer, e converse com a plateia. Fica melhor, mais forte'. Acatei e segui as instruções, um ano depois. Tenho certeza que mandei bem. Mas, desci do palco, o Molina me chama para conversar e ordena: 'Está ótimo, mas, ano que vem, você vai fazer tudo no improviso. Só que improviso é ensaiado, você sabe'. Eu não sabia, e ele: 'para seu improviso, você escreve um texto com tudo o que quer dizer, uma ou duas semanas antes. Daí, a todo momento que estiver sozinho, no banho, no trânsito, em qualquer lugar, fica repassando mentalmente o improviso, até ele estar perfeito e você conseguir dizer tudo sem ler nada'. Escutei-o mais uma vez, e fiz o maior discurso de minha vida com aquelas instruções."

Outro aprendizado que Trindade guarda como legado de Nilton Molina em sua vida de executivo bem-sucedido no mercado segurador é a arte de perguntar. Ora os interlocutores enalteciam a humildade de Molina por confessar não ter compreendido o que fora dito numa palestra, numa reunião de negócios ou numa mesa à qual estavam sentados antagonistas na hora de fechar contratos, ora interlocutores que estivessem localizados em posição inferior no organograma das empresas se sentiam intimidados ante a incompreensão do homem que já despontava como "a voz a ser ouvida" no mercado de seguros e de capitalização. Contudo, às vezes era uma estratégia milimetricamente traçada por Molina para ganhar tempo em negociações complexas.

"Não importava diante de quem estivesse... podia ser um ministro de Estado, um deputado ou senador, um professor PhD ou um empresário com quem ele estivesse querendo fechar algum negócio. Depois de ouvir algumas explanações, Molina levantava a mão à altura do peito e pedia com a voz calma: 'Não entendi, pode repetir?'. Daí, quando a pessoa repetia, em geral, repetia olhando para ele, estabelecendo um contato visual e, por maior que fosse a reunião, virava um diálogo entre eles. E o Molina tinha uma imensa capacidade de demonstrar ao interlocutor que estava prestando atenção integral a ele", conta Trindade. "Usamos a mesma estratégia durante as negociações da associação da Hartford com o Icatu. Ele me pediu para ser o principal interlocutor com os norte-americanos, até porque o Molina nunca teve muita segurança no inglês dele para negociações complexas. Só que ele compreendia tudo, sabia o que estava sendo exposto, e quando um assunto mais delicado era posto à mesa ele falava "não entendi". Nessas horas, eu compreendia que devíamos não apenas detalhar determinado ponto da conversa, mas que nós teríamos de analisar mais profundamente aquela questão. Era como uma espécie de senha à mesa. E funcionou. A sociedade do Icatu com a Hartford foi um sucesso, e Molina teve uma participação capital nela."

Por fim, a terceira grande lição executiva que Carlos Alberto de Figueiredo Trindade Filho extraiu de Nilton Molina foi aquilo que chama de "dinâmica de movimentação do indivíduo".

"Uso isso até hoje, e aprendi na prática, no convívio com ele e com o Fernando Mota", contou ele num dos longos depoimentos concedidos a Oswaldo Miranda. "Na Icatu Seguros, a mesa do Molina ficava numa ponta da sala e a do Fernando Mota, na outra. Se alguém chegava para falar com ele, e era uma primeira reunião, assim que a pessoa abria a porta e se dirigia a ele, Molina perguntava: 'Você conhece o Fernando? É meu sócio. Vai lá cumprimentá-lo primeiro'. Daí a pessoa ia, e tinha de atravessar a sala. Molina ficava da mesa dele prestando atenção à caminhada, ao gestual, à forma como o interlocutor se portava no cumprimento ao Fernando. Nessa observação, ele traduzia e interpretava as pessoas e definia se era um 'molengo' ou um 'decidido', se era alguém de atitude, ou não. Ele avaliava a partir da expressão corporal, porque o corpo fala. Eu aprendi isso com ele também, e uso esses ensinamentos. E são bons!"

O economista Marcos Falcão, a quem coube ocupar a presidência da Icatu Seguros quando Nilton Molina decidiu deixar a companhia e negociar sua participação acionária para assumir a empreitada no Mongeral, dá novo colorido ao hábito do antecessor, o de estudar o adversário, o campo de batalhas, a conquista a ser obtida, cultivado com rigor ascético como o próprio Molina não cansa de ensinar a quem lhe pergunta sobre os segredos de uma carreira executiva bem-sucedida.

"Estava definido que eu assumiria o lugar dele na seguradora. Dias antes da transmissão do posto, ele me liga e pergunta se eu estava preparado. Disse que sim, claro", rememorou Falcão em conversas com Miranda, o curador da memória corporativa do Mongeral. "Prepare-se para um programa especial", seguiu ele me dizendo. "Ocorre que Molina havia estudado, mas estudado profundamente, todas as estratégias de vendas usadas pelos evangélicos em seus cultos. Sim, de vendas, venda de ideias, de conceitos, de histórias e até de produtos. Ele estudara tanto as estratégias de vendas dos bispos e pastores brasileiros, como aquelas empregadas pelos evangélicos norte-americanos. Ele me apanhou no carro dele e fomos até o bairro de Del Castilho, subúrbio do Rio. Lá tem um templo da Igreja Universal do Reino de Deus que parece um Maracanãzinho. Ele me fez assistir a todo o culto com ele, e observávamos tudo. No final do culto o Molina vira para mim e pergunta: 'Prestou atenção nas estratégias de vendas? Viu a forma como eles trabalham o convencimento, a fé?'. Foi genial. Aprendi com Nilton Molina a extrair da vida real muitas das atitudes que precisamos adotar na vida empresarial. E isso se aprende como? Vivendo, observando."

Por fim, José de Medeiros[33], executivo a quem Molina convidou para se integrar à Icatu Seguros tão logo foi criada a Icatu Capitalização, reconhece o líder de alguns dos momentos cruciais de sua carreira como alguém que lhe ensinou até a escrever cartas. Na verdade, cartas de negócios com objetivos pragmáticos: atrair clientes. Ao ser convencido, em 1995, por Nilton Molina, a se integrar ao grupo que ampliava os negócios de capitalização, Medeiros lembra de

---

[33] No dia 02/03/2021 José de Medeiros morreu vítima da Covid-19.

ter entregado a ele um cálculo prospectivo. Em 2000, dali a cinco anos, portanto, estimava o estudo de Medeiros, a empresa de capitalização estaria faturando R$ 500 milhões por ano, tendo saído do patamar inicial de um faturamento anual de R$ 80 mil. "Isso é maquiavélico", dissera Molina, desafiando-o a provar a correção de suas previsões num mergulho integral no batente. A previsão revelou-se correta e a estimativa de faturamento precisa.

"Ainda bem", comemora Medeiros, aliviado, em seu depoimento para o perfil biográfico de Molina. "Ele era um *expert*. Tinha, e certamente ainda tem, a técnica própria para quase todas as suas atividades. Foi por isso que aprendi muito com ele e os exemplos desses aprendizados são diversos e ocorrem em várias áreas: quantas palavras o sujeito apreende ao ler um prospecto comercial? Onde o texto deve ser obrigatoriamente grifado para ficar na memória do leitor? Tudo isso o Molina me ensinou. E ainda: o que era relevante dizer numa carta comercial, e o que era dispensável... e funcionava! Sem que me dissesse isso de forma objetiva, entendi que para lidar com ele era necessário ter ideias pioneiras, velocidade de execução dos projetos, criatividade e, especialmente, estar muito bem preparado para discutir qualquer assunto."

* * *

Em julho de 1994, o Real se tornou a divisa monetária nacional e foi a ponta visível de um *iceberg* revolucionário para a economia brasileira. Arquitetado por um grupo de economistas tão ousado quanto díspar como Edmar Bacha, André Lara Resende, Pérsio Arida, Gustavo Franco, Pedro Malan e Winston Fritsch, entre outros, o Real afundou a persistente e titânica inflação brasileira. Logo nos seus primeiros anos de existência, converteu-se em moeda forte. Além disso, pôs fim ao processo de prefixação de taxas de inflação no país, uma jabuticaba local que alimentava por si só a engrenagem de aumentos de preços e desvalorização dos valores fixos de contratos firmados entre partes distintas. O estrondoso sucesso do Real foi o cabo eleitoral mais eficaz de Fernando Henrique, que se elegeu presidente da República.

Levado para dentro da campanha de FHC por Jorge Bornhausen, presidente do Partido da Frente Liberal (PFL), de cujas hostes era Marco Maciel, vice-presidente da chapa, em 1994 Nilton Molina mergulhou fundo no processo político. Foi uma passagem inédita e não repetida em sua vida. Coube a ele coordenar a proposta de reforma da previdência que o PFL apresentaria ao presidente eleito, na esperança de vê-lo levá-la ao Congresso depois de o candidato da aliança PSDB-PFL ter vencido o pleito. Molina integrava um grupo coordenado pelo ex-ministro da Fazenda Gustavo Krause (também do PFL, primeiro ocupante da Fazenda quando Itamar Franco tomou posse depois do *impeachment* de Collor).

"Molina era quem mais se destacava nos nossos grupos de discussão. Não havia 'corta e cola' nas propostas que ele nos trazia para modernizar o sistema previdenciário. Ele falava com a autoridade de quem vivia o setor, de quem estudara a fundo os movimentos do mercado de previdência privada e social. Sempre foi a voz que eu pedia para ouvir e a proposta que entregamos ao Fernando Henrique teve muito dele. Uma pena, e um erro histórico para o Brasil, ela ter sido derrotada no Congresso[34]. Atrasamos uma década", testemunha Krause, enfatizando o papel de Nilton Molina naquele momento político específico.

* * *

O período de formulação e implantação do Plano Real, entre 1993 e meados de 1994, antes mesmo da campanha e vitória de Fernando Henrique Cardoso na eleição presidencial, flagrou a agonia do Mongeral em seu antigo formato de entidade sem fins lucrativos e sob intervenção da Superintendência de Seguros Privados (SUSEP).

---

[34] Em 6 de maio de 1998 o então presidente Fernando Henrique Cardoso viu a principal proposta de sua reforma da previdência — instituição da idade mínima, de 60 anos para homens e 55 anos para mulheres, para que conquistassem o direito à aposentadoria pelo INSS — ser derrotada por um voto. Eram necessários 308 votos favoráveis à emenda constitucional, que teve 307 votos. O ex-ministro Antônio Kandir, que exercia um mandato de deputado pelo PSDB de FHC, votou contra a emenda. Alegou erro, mas a alegação não mudou o curso da história. Só em 2003 e sob a presidência de Lula, do PT, o Brasil instituiu a idade mínima para aposentadoria pública — 60 anos para homens e 55 para mulheres, exatamente como queria Fernando Henrique, e ainda com o acréscimo do tempo mínimo de contribuição de 20 anos para o INSS. A emenda constitucional patrocinada pelo petista uniu PT, PSDB e PFL (depois "Democratas"), além de parcela de parlamentares de outros partidos do chamado "centro político" como PMDB, PTB, PL e PP.

"O sistema de representantes[35] comerciais fora desarticulado, e os poucos que continuaram vinculados à entidade procuravam contratos com outras empresas do ramo, impelidos pela falta de produtos competitivos e pela inexistência de obrigações de exclusividade", narra o livro *180 Anos — Mongeral Aegon*, obra de fôlego com pesquisa e redação coordenados pelo jornalista e publicitário Oswaldo Miranda, curador da imagem corporativa da empresa.

Na publicação, conta-se a história do Mongeral, entidade nascida como uma mútua paraestatal vinculada à Corte, ainda sob o período do Império do Brasil em 1835. "Dos 300 mil contratos de benefícios do final dos anos 1970, a instituição conseguira manter pouco menos de 20 mil, configurando uma perda drástica, situada acima de 90% dos contribuintes. Na grande maioria dos órgãos públicos consignantes (*para desconto em folha de planos do Mongeral/N.A*), a ausência de participantes congelara ou cancelara o credenciamento."

Ainda em dezembro de 1993, José de Almeida, interventor do Mongeral que ocupava a presidência da entidade por determinação do Ministério da Fazenda, pediu socorro à dupla Nilton Molina e Fernando Mota. Os dois estavam associados aos melhores anos de desempenho da corporação na venda de planos de aposentadorias, pensões e pecúlios, no período compreendido entre o final dos anos

---

[35] Representantes de vendas, estratégia comercial adotada por Nilton Molina para vender os planos do Mombras e do Mongeral por meio da Augustus e da Icatu Seguros ainda nos anos 1980.

1960 e 1970. Ali, por conta do trabalho da Augustus, o Mongeral mudara sua dimensão e escala e viveu uma fase áurea. Quando José de Almeida pediu socorro, Molina era presidente e acionista da Icatu Seguros. Foi naquela condição que convenceu os demais acionistas a fazerem o esforço financeiro de assumir a responsabilidade de reorganizar o Mongeral.

Embalado pela restauração econômica que o país passava, na expectativa de implantação do Real — e depois na esteira do plano que estabilizou a economia, pôs fim à inflação e restaurou o poder de compra da moeda nacional —, Nilton Molina havia se convertido no mais pragmático e mais conceituado promotor dos planos de capitalização com sorteio dos mercados financeiro e segurador. Fernando Mota, a pedido do amigo e sócio, ocupava a vice-presidência de capitalização da Icatu. Seu bom desempenho na função permitiu à empresa dar saltos gradativos e sucessivos no mercado segurador sem precisar recorrer à ajuda de instituições financeiras.

"Tínhamos de pensar numa operação de resgate. A ligação afetiva com o Mongeral era muito grande. Por muito tempo, havíamos sido a face institucional da entidade no mercado. Por meio dela, participamos das diretorias da ANAPP[36] e sabíamos que tínhamos contribuído muito para o reerguimento deles até que disputas internas entre diretores, iniciadas em 1979 e que entraram por 1980, teve como

---

[36] Associação Nacional das Entidades Abertas de Previdência Privada.

consequência a intervenção da SUSEP[37]. Traçamos um plano ambicioso de resgate do Mongeral, mas tudo passava pela necessária transformação nos moldes desenhados pela Lei 6.435, de 1977, e pela regulamentação dela, de 1978."

Em março de 1994, o antigo Conselho Deliberativo do Mongeral aprovou o plano de recuperação proposto por Nilton Molina e o submeteu à SUSEP. "Em sequência, foram tomadas algumas providências fundamentais para garantir a sua implementação. Dentre elas, a reformulação do estatuto social da entidade, de modo a permitir o ingresso de investidores e a profissionalização da diretoria executiva que, assim, poderia ser composta por especialistas desvinculados do quadro associativo", registra-se no livro *180 Anos — Mongeral Aegon*.

Em 28 de setembro de 1994 os membros do Conselho Deliberativo da antiga formação do Mongeral renunciaram. A Superintendência de Seguros Privados aprovara todo o plano de resgate estruturado pela dupla Molina e Mota. Em 16 de novembro daquele ano assumia o novo Conselho Administrativo do Mongeral. Nilton Molina, seu filho Helder e Fernando Mota integravam-no, assim como os demais diretores da Icatu — inclusive Kati de Almeida Braga, filha de Braguinha. Molina virou o presidente-executivo por um breve período e, logo depois, passou a ocupar o Conselho de Administração da entidade, acumulando as

---

[37] Superintendência de Seguros Privados, entidade que organiza, regulamenta e fiscaliza o setor.

atribuições com os cargos que exercia na Icatu. Fernando Mota tornou-se presidente-executivo da diretoria.

"Quando assumi meu posto na rua da Quitanda, número 62, outrora sede operacional da empresa, fiquei assustado. Era dia 17 de novembro de 1994. Havia 220 funcionários e poucos segurados. Eles trabalhavam em meio expediente e toda a operação da empresa era manual. Fiz uma limpa", lembra Fernando Mota. "Eu e Molina combinamos que íamos ser radicais. Ele tratava de ser a face da entidade para fora e eu, o braço forte para dentro. Modéstia à parte, sei fazer isso. E tínhamos de implantar a nossa cultura no Mongeral[38]. Um mês depois, tínhamos 120 funcionários. Passado mais um mês, 100. E, em março de 1995, chegamos ao quadro ideal de 80. Até ali, não tinha contratado ninguém e já estávamos vendendo mais do que antes de nossa chegada. Molina foi cuidar dos novos produtos, da formatação deles, e treinamos exaustivamente nossa equipe. Joguei seis toneladas de papéis no lixo. No lixo! Fiz uma limpa no mobiliário também. Havia muita coisa velha, imprestável, obsoleta. Foram cinco caminhões de tralhas jogadas fora. Ainda assim, temos até hoje na empresa algumas joias da mobília imperial que estava perdida lá. Isso, conservamos."

Fernando Mota jamais escondeu o orgulho ao falar da gestão da dupla nos primeiros meses à frente da empreitada de soerguimento do Mongeral. Nilton Molina, idem.

---

[38] No capítulo "O irmão eleito", mais à frente, numa entrevista em pingue-pongue, Fernando Mota conta em detalhes essa experiência executiva que coroou a amizade e a cumplicidade de mais de seis décadas compartilhadas por ele e por Molina.

"Durante todo o ano de 1995, a Mongeral viveu em clima de reconstrução", registra o livro coordenado por Oswaldo Miranda, editado quando a instituição comemorou 180 anos de existência. "No ano de 1996, já com a diretoria executiva reduzida a dois membros (Fernando Mota, presidente, e Isauro Cardoso, vice-presidente), a sede da empresa retornou às instalações originais da travessa Belas Artes". Está lá até os dias atuais.

"Eu tenho um orgulho muito grande da forma como pusemos de pé o Mongeral, da maneira como ele é hoje, MAG Seguros. Conseguimos errar muito pouco naquela empreitada, escolados que estávamos com os erros do passado. Quando incorporamos o Mombras e o transformamos em sociedade anônima, trilhamos o caminho mais tortuoso previsto na Lei 6.435. Com o Mongeral, e seguindo a cartilha da SUSEP, andamos por estradas mais desimpedidas. Em 2004, quando o Helder assumiu a presidência do grupo, tinha certeza de que daria certo e valera a pena toda a trajetória. Mas, batia uma certa dúvida se eu conseguiria exercitar meu desprendimento sem ficar com um frio incômodo na barriga", conta Fernando Mota. "Eu, enfim, dei o braço a torcer. Em se tratando de mim, isso não é fácil: a MAG Seguros foi transformada pelo Helder em algo com uma dimensão que talvez não estivesse tendo estando comigo."

Em meio à pandemia, no ano de 2020, quando, por meses a fio, o mundo parecia parado e fora de ordem, o Grupo Mongeral Aegon não parou de crescer. Helder

Molina tinha preparado a empresa para o salto de inovação que foi dado. Era o que se fazia necessário.

"Esse salto de inovação, de termos os corretores trabalhando de casa, vendendo planos no país inteiro, através de meios digitais, com a empresa toda sendo administrada remotamente, somente foi possível pela dedicação, empenho e visão dos diretores da companhia, sob o comando do Helder. Eu e Fernando talvez não tivéssemos conseguido executar essa passagem tão bem e tão rapidamente como a nova geração."

* * *

Em paralelo à reestruturação do Mongeral, à gestão que fazia na Icatu Seguros, e à implantação dos novos produtos e da estratégia agressiva de vendas para a antiga entidade fundada nos tempos do Império, Nilton Molina conheceu o maior de seus fracassos, enquanto homem de negócios: o Telebingo, um jogo que consistia na compra de cartelas pelo público em geral e anúncio dos números sorteados por meio da TV em horário nobre. O objetivo central era financiar o Comitê Olímpico Brasileiro que àquela altura montava a estratégia de custeio das seleções olímpicas que participariam das Olimpíadas de Atlanta em 1996. Corria o ano de 1994, já entrando o ano de 1995.

"O Richer[39] me procurou, seguindo um conselho do Braga. 'Ô garoto, tudo bem? Eu preciso financiar nosso

---

[39] André Richer, atleta olímpico de remo nos jogos de Helsinque em 1956. Foi presidente do Flamengo e do Comitê Olímpico Brasileiro. Morreu em 11 de abril de 2018.

time olímpico para Atlanta. Você tem alguma ideia? O Braga me disse que você entende tudo desse negócio de massificação e promoção', perguntou ele. André Richer chamava todo mundo de garoto, e naquela época eu ainda parecia bem mais moço. Na hora lembrei da Telesena, um produto que o Silvio Santos havia lançado uns cinco, seis anos antes", conta Molina. "Era um jogo com sorteios pela TV. No caso, pelo SBT e aproveitando o programa dele, que era sozinho uma mídia enorme. Também havia começado um movimento de abertura de bingos em São Paulo, Rio e outras capitais. A Telesena do Silvio Santos vendia cartelas nas lotéricas, nas bancas de jornais, e também com uma equipe de rua. Eu pensei: esse negócio de bingo na televisão pode fazer sentido. Aí bolei esse produto. Era um bingo na TV. O cidadão comprava uma cartelinha, vamos dizer, por cinco reais. Não era título de capitalização. Era jogo mesmo. Não tinha resgate. Pagava aquele valor X e podia comprar quantas cartelas quisesse. O objetivo era preencher a maior quantidade de números possível, da combinação de sua cartela, de acordo com os números sorteados. E, pela TV, no *break* do *Jornal Nacional* ou da novela das 20h30 da Rede Globo, o resultado era anunciado. Eu estava na Icatu, mas fizemos isso por fora da Icatu. Éramos nós, acionistas da Icatu Seguros, o Mário Petrelli e o Braga. Mas, Braguinha não entrou com dinheiro dele. Entrou com o prestígio que tinha, conseguiu cavar nosso espaço na Globo, CBF, essas coisas. Precisávamos de muita propaganda para gerar volume de vendas. Onde vou fazer propaganda? Globo. Aonde? Intervalo do *Jornal Nacional*. Nós compramos, durante um ano, dois *breaks* nacionais do *Jornal Nacional*.

"O nome do produto era "Telebingo — Olimpíada 1996". Atletas como Oscar, Hortência e Paula, ídolos do basquete feminino, e Zico, craque de futebol e ícone do Flamengo, campeão mundial de 1981 e da Seleção Brasileira de 1982, o melhor time de futebol a envergar a camisa canarinho depois dos tricampeões de 1970, entre outros, chamavam para a compra de cartelas em anúncios gravados para a TV. Depois, num *set* que lembrava um pouco uma mistura de cassino com cenários dos apresentadores Fausto Silva e Silvio Santos, um *crooner* cantava os números sorteados todos os dias da semana, de segunda a sexta-feira. O Real, àquele momento era a fresquíssima e fortíssima moeda brasileira, chegou a ser mais valorizada que o dólar norte-americano. Com o tempo, ficou em paridade com o dólar. Então, faturar em reais significava nominalmente mais do que faturar em dólares.

"Compre o Telebingo Olimpíadas 1996 e concorra a 28 dias de sorteio. São 80 Fiat Uno, 4 Mercedes e 4 apartamentos. E mais um seguro de vida quitado por dez anos para todos os vencedores", anunciava, por exemplo, Hortência, a maior jogadora de basquete do Brasil em todos os tempos no *break* do *Jornal Nacional* do dia 17 de outubro de 1994. Era um sucesso. Em 1º de maio de 1995, meses adiante, só para sacar outro exemplo, no intervalo do programa *Tela Quente*, espaço em que a Rede Globo exibia os filmes *blockbusters* mais desejados pela audiência num país em que canais a cabo davam seus primeiros passos e inexistia a televisão por *streaming* — ou seja, a atenção era toda voltada para o cardápio de atrações da TV aberta. O *crooner* do Telebingo entrou no comercial fazendo uma embaixadinha com uma bola usada na Copa de 1994 e antes de lançá-la para Zico, anunciou: 'Entra em campo a maior premiação do Brasil. É o Telebingo Olimpíadas 1996 Série Futebol. Segura essa, Zico'. O craque controlou a pelota e anunciou: 'Com uma cartela você participa de todos os sorteios da série. São 5 Gol Plus de segunda a sexta e 5 BMW aos sábados. Compre o seu Telebingo e jogue comigo de segunda a sábado na sua TV'. Os primeiros meses da promoção revelavam uma capacidade de crescimento feérico das vendas de cartelas a partir das ofertas que pipocam na TV.

"Vendíamos um milhão de dólares por dia. Um milhão de dólares por dia, nos primeiros dias, nas primeiras semanas", regozija-se Molina ao lembrar daquela que, tinha certeza, era a sua maior tacada no mundo dos negócios. "Os prêmios eram carros. O *top* eram as Mercedes e as BMW. Num mês, me lembro até hoje, entreguei 110 carros de uma vez numa casa de *shows* aqui em São Paulo. Eram 110 Mercedes e BMW, tudo importado. Tínhamos de pagar à Rede Globo, e era caríssimo. Era o intervalo comercial mais valorizado do país. Tínhamos de comprar os prêmios, os carros e remunerar o sistema de vendas. Era uma operação muito cara e tinha que sobrar o percentual devido ao COB para financiar os atletas olímpicos. Ocorreu, no entanto, que o entusiasmo das vendas não me deixou entender claramente as curvas de produtividade. Os saltos foram crescentes no começo. E quando foi parando, eu parecia estar cego: não percebia que não podia dobrar a aposta, porque o produto ia ter um declínio normal, cansar, simples assim. Esse foi meu erro. Eu não entendi que o consumidor tinha cansado", narra Molina. "E, para contratar a Globo, eu tinha de pagar com 120 dias de antecedência. Então, quando a curva declinou, eu estava com a Globo comprada e, por isso, registramos um enorme prejuízo. O consolo foi que produzimos para o COB algo equivalente a 10 milhões de dólares. Esse montante certamente ajudou, e bastante, o financiamento da equipe brasileira na Olimpíada de 1996. Afinal, esse era o objetivo da promoção. Também tínhamos comprado os *breaks* nacionais da Band. Quando as vendas despencaram, eu tive de financiar o *run-off*."

Em resumo: os apostadores pararam de comprar, o faturamento caiu e, por contrato, os administradores do "Telebingo" tinham de continuar a arcar com os custos do projeto. E tais custos eram tão elevados quanto a grande arrecadação dos primeiros meses de venda de cartelas. A conta do prejuízo do "Telebingo Olimpíadas 1996" não foi desprezível. Visto por quaisquer prismas, foi maior do que qualquer outro *default* verificado em todos os empreendimentos idealizados e postos de pé por Nilton Molina: algo em torno de US$ 20 milhões — mais ou menos, o mesmo e enorme prejuízo que Molina, Fernando Mota e o filho Helder teriam em um frustrado negócio de cacau e bananas em uma gigantesca fazenda em Itanhaém, no litoral paulista (esse enredo será contado mais à frente no capítulo "Um tipo inesquecível"). O Banco Icatu financiou o prejuízo e Molina pagou sua parte na conta, reduzindo a participação acionária na seguradora.

"Paguei a conta, mas logo fui buscar de volta aquele prejuízo. A culpa central dos erros cometidos no Telebingo foi minha, e eram meus erros", admite Molina. "Foi a primeira e única vez que tive depressão. Depressão mesmo, clínica: diagnosticada por médico."

Ter sido diagnosticado com depressão marcou profundamente o espírito elétrico, vivaz e empolgado de Nilton Molina. Por alguns dias, "e não mais do que isso", ele faz questão de frisar, cedeu aos médicos e tomou medicamentos para debelar a falta de entusiasmo. Depois, trocou os remédios por um aumento razoável e não recomendável da frequência com a qual bebia uísque. Por fim, reduziu os tragos de uísque e acelerou os exercícios físicos. O processo de leitura e compreensão dos fatos consumiu um mês, não mais do que isso. Mas, ver o marido deprimido era algo muito novo e impactante para Sara.

"Ele chegou a baixar a cabeça e perdeu a alegria com a qual sempre acordou. Claro que me preocupei", descreve ela, relembrando os dias cinza. "Rejeitou os remédios e aumentou a bebida. Todo dia. Ficou uns cinco dias assim, aí dobrava os exercícios para não engordar demais. Até que eu disse: para. Para que não vai dar certo. Perdeu? Perdeu. Recupera lá frente, porque esse não é o Molina que eu conheço. E rapidinho ele mudou, com a força de vontade dele. E mergulhou, de novo, de cabeça no trabalho."

Nilton Molina jamais quis lembrar com insistência aquela passagem. Contudo, tampouco tentou esquecê--la. Na verdade, soube tirar lições dela para se fortalecer administrando seus flancos.

"Depressão é quando você vê tudo escuro. Você não vê solução para a sua vida. Não é algo racional. Eu não dormia, ficava quieto demais, desestimulado. Deram-me remédio para dormir: usei não mais do que em alguns dias. Dobrei a ginástica e dobrei o uísque, e não podia ser assim. Durou um mês. Quando passou, passou. Foi duro, mas passou e pronto."

Em dezembro de 2002, Molina deixou a presidência do Conselho de Administração Icatu Hartford Seguros e a sociedade com a família Almeida Braga. Ficaram consolidados a amizade e o respeito mútuo. No acerto de contas para a venda da participação acionária que detinha no Grupo Icatu, ficou com o controle institucional do Mongeral — àquela altura, ainda uma entidade de previdência privada sem fins lucrativos. Também recebeu uma parte em dinheiro. Com esses recursos, capitalizou aquela que passaria a ser sua companhia até o momento em que decidiu encomendar o presente relato biográfico. Molina virou o disco e mergulhou de cabeça no resgate do Mongeral.

O
IRMÃO
ELEITO

Fernando Mota, o parceiro de toda uma vida

Nascido em 21 de outubro de 1931 na Vila Murça, um distrito de Vila Real, em Portugal, **Fernando Rodrigues Mota** *chegou ao Brasil antes dos sete anos de idade. Aos catorze começou a trabalhar como* office-boy *na Albagly & Companhia, estabelecimento de um judeu que se instalara no centro do Rio de Janeiro. Quando completou 17 anos o empregador decidira descontinuar o empreendimento, mas, um primo dele, Jacques Levy, também dono de uma importadora de tecidos, decidiu contratar o jovem. Fernando Mota passou, então, a ser gerente da Empreendimentos Levy, empresa que ajudou a sair de uma quase falência e de onde foi chamado por Eron Alves e por Nilton Molina para administrar a filial fluminense do Erontex da Sorte. Fernando Mota aceitou o desafio e a partir daí estabeleceu com Molina uma amizade pela vida toda. Só é possível compreender a história pessoal de um, escutando um pouco a história pessoal do outro. Na entrevista que segue, Fernando Mota narra algumas passagens saborosas de seu convívio com Nilton Molina e dá pistas sobre o modelo de gestão bem-sucedido que ambos imprimiram nos negócios que tocaram juntos em mais de seis décadas de parceria.*

Como você define sua relação com Nilton Molina, construída a partir de um encontro profissional em 1961 e que se consolidou ao longo de seis décadas de convívio profissional e pessoal?

É muito mais do que uma amizade. Construímos uma irmandade, aproximamos nossas famílias, nossas esposas, a ponto de podermos dizer que somos uma família de fato. Isso, independente de não termos laços sanguíneos. A gente ganhou dinheiro juntos, e perdemos dinheiro juntos. Criamos os filhos juntos. Nossos netos cresceram juntos.

Mas, nunca houve brigas e discussões entre vocês? Não considero possível que, nesse período, não tenham pensado em tocar suas vidas em frente, separados... Contados a partir daqui, 2021, são 60 anos de convívio.

Não; sinceramente, não. Molina foi quem me convidou para ir trabalhar na Erontex como gerente da loja no Rio de Janeiro. Ele tinha 24 anos, eu tinha 28. Ele havia inventado o carnet Erontex da Sorte. Em abril de 1962 o Molina me ligou e quis saber como eu estava. Disse-lhe: agora estou à disposição, explicando que tinha condições de conversar, pois estava liberado pelo meu antigo patrão. Fui a São Paulo e fui contratado para assumir a gerência do Rio de Janeiro. Entrei no grupo do Eron no dia 2 de maio de 1962. A loja ia ser inaugurada, como efetivamente foi, no dia 16 de junho de 1962. A inauguração da loja ficou bem marcada na minha memória porque era a véspera da final da Copa do Mundo do Chile, e o Brasil estava na final. O Eron, o Molina e as famílias foram para o Rio na inauguração. Houve um almoço na Sociedade Hípica Brasileira, e foi ali que a Lourdes, minha mulher, conheceu a Sara. As duas estavam grávidas e iam ter os bebês mais ou menos na mesma época, então naquele almoço começou a se sedimentar essa amizade da vida inteira. Contei o início da nossa história e não respondi a sua pergunta. A resposta à pergunta por que eu e o Molina nunca brigamos? Nós nos respeitamos mutuamente e isso é o ponto basilar da nossa amizade.

A Erontex cresceu muito, foi um sucesso. Por que o Molina saiu da empresa?

A saída do Molina levou tempo para se consumar e houve também um intervalo grande entre a decisão de ele sair (Molina tinha perdido a confiança no Eron — N.A.) *e a saída de fato da empresa. Foi um tempo esquisito, ninguém sabia de nada, nem mesmo eu. Ele só saiu em junho de 1966. No fim de 1965 eu soube que ele havia pedido demissão, mas que não podia dizer isso para ninguém. Ele estava no Rio, como sempre ia, e depois do almoço fomos passear um pouco pela Cinelândia. Aí eu falei para ele: "Molina, você não foi leal comigo". Ele se assustou, olhou para mim meio nervoso.*

E eu segui: "Você sabe que eu estou na Eron por sua causa. O meu vínculo com a empresa é você. Agora, você sai e vai me deixar aqui falando sozinho?". Ele sentiu. Não retrucou lá na hora. Meses depois, fui a São Paulo e ele me chamou para uma conversa a sós. Nela, contou toda a história e o porquê de não ter me dito que sairia — era exigência do Eron. Daí eu disse para ele: "Molina, agora você foi correto comigo". Esse tipo de conversa parece fácil quando contada assim, anos depois... muitos anos depois... Mas não é. Não foi. Era olho no olho, e só os grandes amigos sabem ter conversas assim sem deixar arestas. Molina saiu, enfim, da Eron. E disse que a gente ia voltar a se encontrar em outra empresa. Toda vez que ele ia para o Rio, depois de ter saído da Eron, conversávamos muito, até que um dia o Molina me convidou para trabalharmos juntos. Viraria sócio de uma outra empresa que ele estava criando, chamava-se Lide Promotora de Negócios. Gostei da ideia. Porém, o difícil para mim foi sair da Eron. Eu estava sem coragem de pedir demissão, as coisas não iam bem lá, até que em abril de 1968 o Eron me chamou para irmos ao café do Copacabana Palace e ficamos lá, de noite, tomando água e cafezinho. Ele me disse que ia abrir uma Financeira, e que eu seria o gerente da nova empresa. Conversa vai, conversa vem, por volta de meia noite eu digo a ele: "Eron, vou sair da empresa". O homem empalideceu. Pediu uma garrafa de uísque. "Mas, por quê? Por que vai sair?", perguntava. Não contei para ele que ia trabalhar com o Molina, que ia ser sócio do Molina. A relação dos dois tinha ficado muito ruim. Disse ao Eron que já tinha cumprido as minhas metas e obrigações com ele. Mais tarde, quando o Eron soube que ia trabalhar com o Molina, me rogou uma praga e talvez por isso eu nunca tenha brigado com o Molina. "Eu só espero que essa amizade de vocês não termine por causa de dinheiro", esbravejou. E nunca teve razão. Nunca terminou. Eu e Molina jamais brigamos por causa de dinheiro. Perdemos e ganhamos. Ganhamos mais do que perdemos. Mas, nunca brigamos. Somos como irmãos.

E daí começaram essa jornada. Houve percalços? Quais?
Em dezembro de 1968, nós fizemos uma viagem para visitar as filiais da Lide em Belo Horizonte, Florianópolis e Curitiba. Na volta, no avião, voltando para o Rio, eu disse: "Temos de juntar as duas a Augustus e a Lide e aproveitar essas estruturas comuns. Aí a coisa explode". Foi quando ele virou para mim e falou: "Eu topo juntar as duas, mas com uma condição: você muda para São Paulo". Era dezembro de 1968. Lembro bem porque começou uma guerra minha para convencer a família a vir para São Paulo. Meus pais, os pais da Lourdes, eram vivos. Sobrinhos, cunhados... eu não tinha ninguém em São Paulo. Só o Molina e a Sara. A Lourdes trabalhava, era professora no Rio. Combinei com ele que iria para São Paulo, mas, por um ano, ficaria no vai e volta entre Rio e São Paulo. Foi assim que mudei para São Paulo com a família e assumi a gestão administrativa e financeira da fusão das duas empresas. Mas não foi fácil, a Lourdes e as crianças, contudo, resistiam a vir para São Paulo. Saímos de férias em janeiro de 1970 e no dia 1º de

fevereiro, logo depois das férias, a Sara disse a Lourdes que já tinha matriculado nossos filhos na escola — a mesma dos filhos do Molina — e que o aluguel do apartamento em que moraríamos já estava fechado. Estava tudo certinho, mobiliado, acho até que com a feira dentro. Eles são impressionantes nisso: cuidavam de tudo.

E mergulhou no trabalho.

Sempre. Tínhamos a representação do GBOEX e do Mongeral, além de outros negócios menores, nessa altura já havíamos rescindido o contrato com o Montepio da Família Militar. Tínhamos horizonte, mas o dinheiro era curto. Sempre investimos muito na empresa, jogamos todo o resultado para dentro da empresa. Eu e Molina sempre pensamos que essa era a forma de administrar: investir na empresa. Até hoje é assim. Temos hoje, por exemplo, mais ou menos R\$ 300 milhões de dividendos para distribuir na Mongeral Aegon e não distribuímos, investimos tudo na empresa.

Um dos grandes diferenciais competitivos de vocês, no mercado de seguros, sempre foi a formação de equipes, não? A fidelização dos corretores. Estou certo em minha percepção?

Sem dúvida, mas daí tem uma grande sacada do Molina. Ele olhou aquela floresta toda de seguradoras, corretoras, e quebrou a cabeça para saber como fazer um diferencial em nossa equipe. No fim do ano de 1970, ele teve a ideia de transformar nosso time todo de corretores em funcionários com carteira assinada. Do ponto de vista do custo, para nós, naquele momento, daria no mesmo. Mas, para o corretor, fazia uma diferença brutal. Em 1º de março de 1971 executamos, então, aquela grande mudança: toda a nossa equipe era de corretores-funcionários, que trabalhavam exclusivamente para nós. Foi quando começamos uma vida nova. Quem quis seguir autônomo, para ter liberdade de horários, de estratégias, não embarcou conosco. Pegamos um empréstimo com o Banco Comercial e Industrial Campina Grande, para financiar a mudança. Foi muito treinamento, muita preparação, e daí realmente começamos a fazer a diferença e a aparecer no mercado. Nessa altura, o Mongeral passou a ser a nossa principal representação. E fomos crescendo, enquanto a legislação ia mudando, o Molina ia paulatinamente se tornando um especialista em previdência. Ele sempre foi um estudioso e por isso sobressai nas mesas de discussão. Foi daí que veio a Lei 6.435 de 1977, que realmente viabilizou a previdência complementar no Brasil. O tempo foi passando e nossa empresa se tornando cada vez mais conhecida e respeitada. Quando no final de 1978, o Molina — sempre o Molina, com a capacidade que ele tem de olhar à frente — chega para mim e diz: "Fernando, olha só, estamos nesse negócio, estamos indo muito bem, mas não somos banco. Se não somos banco, quando os bancos grandes descobrirem o mecanismo da nova Lei da Previdência[40], vão entrar nesse

---

[40] Referia-se à Lei 6.435 de 1977 de cujo debate Nilton Molina, ele mesmo, participara.

negócio e nós vamos ficar muito pequenos". Àquela altura ele já tinha conhecido o Mário Petrelli[41], vice-presidente da Atlântica-Boavista, com quem se deu muito bem, e a companhia estava próxima de nós porque fazia um cosseguro para o Mongeral através da nossa intermediação, e o Molina também tinha desenvolvido ótima relação com o Braguinha[42]. Eu sabia onde ele queria chegar.

Foi quando vocês se uniram à Atlântica-Boavista e à Sul América?

Sim. Mas tem sutilezas aí. Foi um caminho longo até criarmos a Seguradora Vida e Previdência. Nós, com 20%. A Atlântica e a Sul América com 40% cada uma. Toda a negociação inicial foi com o Braguinha, que ao final, disse que não ficava confortável em entrar num negócio daquele tamanho, sem convidar a família Larragoiti, porque eles já eram parceiros no Top Club, e na comercialização de seguros nos balcões do Bradesco. "Não vamos mexer nos 20% de vocês", ele disse para o Molina e para mim. "Eu divido os meus 80% com a Sul América, 40% para cada um". E a partir daí o Molina começou um trabalho para fazer com que o Bradesco entrasse na sociedade, para podermos vender os produtos da Vida Previdência nos balcões do banco. O Bradesco acabou concordando, entrou na sociedade, todos nós diminuímos a participação, o Bradesco

---

[41] Mário Petrelli, anteriormente citado. Empresário das áreas de comunicação e seguros de vida e de previdência.

[42] Antônio Carlos de Almeida Braga, anteriormente citado. Empresário das áreas de seguros e mercado financeiro. Chegou a ser o maior acionista individual do Bradesco.

ficou majoritário e a companhia mudou de nome para Bradesco Previdência, e foi um enorme sucesso.

Mas você não foi para o Bradesco. Por quê?

O pessoal do Bradesco me queria lá. Operacionalmente, modéstia à parte, eu era bom e o mercado sabia. O Molina me chamou para conversar e disse: "Fernando, eu não estou estimulando as conversas para sua ida para a Cidade de Deus[43] porque a gente tem outras coisas para tocar e eu vou ter de mergulhar 100% no Bradesco". A gente tinha o loteamento em Itanhaém, a fazenda também lá, tínhamos o Clube de Seguros, que depois foi vendido para a Atlântica-Boavista, tínhamos outros negócios nossos e ele me pediu para tocar. "Aguenta aí porque, se não der certo lá, eu volto e a gente recomeça do zero". Aquela história de começar do zero, de entrar em aventuras juntos, esteve sempre no DNA de nossa amizade. Quando eu olho para trás, vejo que sempre estivemos começando algo juntos. Eu e Molina estivemos sempre nos reinventando.

Nem irmão é assim, muitas vezes. Essa é a maior prova da parceria, da partilha: reinventar-se juntos.

Sem dúvida, mas dá trabalho. Nós sempre estivemos começando algo na vida. E juntos!

---

[43] Bairro de Osasco, na Grande São Paulo, onde está localizada a sede do Bradesco.

Foi quando o Helder[44] passou a trabalhar com você, na Augustus, e a ajudar na administração da fazenda em Itanhaém. É isso?

A chegada do Helder, com certeza se deu ali. Ele foi para lá, para dividir comigo o dia a dia de todos os outros negócios. Era muito jovem. Mas a história da fazenda é de antes disso. Molina pôs na cabeça que tinha de comprar uma fazenda em Itanhaém. Aliás, duas fazendas. Duas! A gente tinha casa de veraneio lá, tínhamos amigos lá, uma vida já por lá. Aí veio a invenção da fazenda. Fomos visitar a área, era enorme. Era um troço abandonado, tinha só dois sujeitos tomando conta. Um bebia e o outro fornecia a bebida. Eu não queria de jeito nenhum. Ele me levou umas seis vezes lá, para ver a área. Na volta, sempre perguntava o que eu tinha achado. "Uma porcaria, Molina", eu respondia. Eram dois mil hectares, e depois ainda compramos mais terras e incorporamos. Na sétima vez que fomos lá e ele me perguntou o que eu tinha achado, disse a ele: "Olha, Molina, não acho que seja uma boa. Mas, se você está com vontade e nós temos o dinheiro, vamos comprar". E assim estamos lá até hoje, até aqui foi uma "beleza" de prejuízo.

---

[44] Helder Molina, filho mais velho de Nilton Molina. Em 2004 ele assumiu a presidência da MAG Seguros.

Vocês dois desenvolveram um método de comunicação com o olhar para gerir coisas tão díspares, durante tanto tempo, e não brigarem?

Nunca brigamos. No caso da fazenda ele chegou e propôs: vamos comprar. Fiz as ponderações, fui voto vencido. Sempre soubemos ter opiniões diferentes e chegar a uma simbiose entre nossas diferenças ou respeitar a opinião do outro quando ela prevalecia.

Na visão de vocês, dinheiro não podia ficar parado para acumular. Dinheiro tinha de rodar, tinha que estar em algum negócio. É isso?

Essa é uma visão mais dele, do Molina, do que minha. Eu sossegaria antes, se o dinheiro pudesse sossegar e render. Mas ele, não. Ele sempre quis criar negócios. Então, justiça seja feita, esta é uma visão mais dele do que minha. Eu soube absorver esses princípios dele. Perdemos muito dinheiro juntos, mas também ganhamos muito dinheiro juntos. Sou feliz com o que tenho hoje, com o que construí ao longo da vida, sobretudo quando me lembro da minha origem. E tenho certeza que o Molina também é.

Sem dúvidas.

Ele te disse que é?

Sim.

Então é, ora!

Vamos voltar à cronologia. Molina vai para o Bradesco...

Sim, o Bradesco Previdência começa no início de 1980, já operacional. E o Molina lá. Era a alma do negócio. Ele quebrou vários paradigmas dentro do Bradesco, levou todo o nosso pessoal para lá, mais de 400 funcionários que trabalhavam conosco na Augustus. Ele foi a convite do senhor Amador Aguiar participar das reuniões do Conselho do banco, sem ser Diretor Estatutário. O "Seu" Amador gostava muito dele, e o Lázaro Brandão também. Foi uma coisa muito intensa. Contudo, eu sabia que a corporação não ia deixá-lo feliz. A vida corporativa tem coisas que não satisfazem quem sempre foi muito independente. Eu fiquei lá, na Augustus, tocando o primo pobre dos nossos negócios. No final de 1981, o Braga fez uma oferta para a gente, via Molina: decidiu comprar o Clube de Seguros, o ABS, e levá-lo para dentro da Atlântica-Boavista. Eu e o Renato Guedes[45] fomos junto. Lá, nós também vimos o que era uma corporação. E não gostamos. Eu estava muito desconfortável porque o Molina estava preocupado comigo e com Renato e isso tirava tempo e energia dele. Ele tinha de se dedicar integralmente ao Bradesco. Daí decidi sair. Chamei o Molina, o Renato, e conversamos: "Numa boa, você está no Bradesco, nós na Atlântica-Boavista. Vamos dividir nosso patrimônio, desfazer a sociedade e vai cada um para seu lado". Sempre foi assim, sempre fui direto. Quando tinha conflito na empresa, dois diretores ou líderes

---

[45] Renato Guedes, sócio da Augustus e amigo de Molina e de Fernando Mota. Anteriormente citado.

brigando, chamava-os e dizia: sentem aqui, na minha frente. Resolvam as diferenças. E vida que segue. Sou assim até hoje, até nos conflitos de família.

Daí você e Molina se separaram para se reencontrar como sócios mais adiante?

Sim. Foi um hiato muito curto em nossa relação. Logo depois dessa reunião em que falei com ele que iria sair da Atlântica-Boavista, ele me chamou para conversar: "Olha, Fernando, estou pensando em sair do Bradesco. Você não quer esperar um pouco, e a gente daí ver algo para fazermos juntos?". Eu disse para ele: "Olha, para a gente fazer algo nessa área, ou a gente compra um montepio, ou montamos uma empresa de previdência nova. Montar uma nova é uma trabalheira danada para criar uma carteira do zero. O melhor é comprar um montepio". Foi quando começamos a ver o Mombras para comprar. E mais uma vez eu fiz o compromisso com Molina. "Estou contigo", disse. Logo depois, o Molina fez o acordo de saída do Bradesco, que demorou alguns meses porque o "Seu" Amador Aguiar, e o Braga também, não queriam que ele saísse de jeito nenhum. Até que ele saiu, recebeu de volta o valor das ações e viabilizou a compra do Mombras. Estávamos juntos de novo.

Vocês assumiram o Mombras, que depois foi a base da associação com a Icatu. Foi isso?

Sim. Assumimos a gestão do Mombras, que era um montepio com muitos clientes, mas, do ponto de vista da gestão e da administração, era uma bagunça total. Foi um trabalho intenso: criar processos, organizar a empresa por dentro, fazer as equipes. Fiquei dedicado a essa parte, enquanto o Molina estruturava a venda dos produtos. Transformamos a empresa de uma entidade sem fins lucrativos para uma sociedade com fins lucrativos, como permitia a lei, e fomos organizando todos os negócios. E o Molina teve a sacada de fazer negócio com os filhos do Braguinha, que tinham criado o grupo Icatu. O fato é que a capacidade instalada do Mombras terminou virando a Icatu, e nós ficamos sócios do Banco Icatu nessa nova empreitada.

Você se sentiu, ao longo da vida, uma espécie de *controller* pessoal do Molina?

Era da relação, era automático. Ele é mão aberta, bem mais do que eu. Quando a gente determinava que tinha de puxar o freio de arrumação na empresa e algum funcionário precisava de um adiantamento uma ajuda, e pedia a ele, o Molina então dizia: "Dinheiro não é comigo. Quer dinheiro? Vá falar com o Fernando". Volto a dizer: é uma amizade tão fantástica a que temos; o Molina é para mim um superirmão, um companheiro.

Como foi a relação com o Icatu?

Eu e ele estávamos lá na diretoria da instituição, éramos sócios, e em 1996 o Molina criou o negócio de capitalização. Tínhamos já uma carta patente para isso. Mas, ali, o Icatu deu um salto. E, novamente: ideia de Seu Molina. Foi um sucesso fenomenal, foi o que cacifou a seguradora do Icatu sem depender de terceiros, sem aporte de capital. Foi um sucesso estrondoso. Eu já estava nesse endereço atual do Mongeral, tocando nossas coisas, quando me entra o Molina preocupado com a capitalização do Icatu. "Fernando, você se incomoda de assumir a vice-presidência de capitalização para pôr ordem nesse treco?" E, mais uma vez, eu fui. Tinha quatro funcionários. Em quatro anos, a empresa subiu os píncaros da glória. Foi um estouro! Ampliamos a equipe, e fizemos ali uma equipe maravilhosa. Porque, uma coisa, eu te digo sem modéstia e com vaidade — disso eu tenho vaidade mesmo: eu sei formar gente.

Você aplicou isso na gestão do Mongeral? E, cumprida essa derradeira missão empresarial, conseguiram desacelerar depois dos 80 anos?

O maior patrimônio, o grande patrimônio, o diferencial do Mongeral Aegon no mercado é a sua equipe. É o grupo que tem, com a qualidade que todos têm. Mas, há mais de uma década, é o Helder quem toca lá, o filho do Molina. E o Helder, em quem eu sempre acreditei muito, agregou uma outra coisa que já é a marca do Mongeral Aegon nos tempos atuais: inovação. E isso é coisa do Helder. Não é coisa minha, nem do Molina. É do Helder, porque eu sempre tive muita confiança em que ele saberia tocar o que entregamos para ele — mas ele superou em muito as nossas expectativas. E falo por mim e pelo Molina.

Como é o dia a dia com o Molina, ele se mete em tudo?

Não. Nunca. A gente troca ideias — vamos fazer isso, vamos fazer aquilo... — mas, a execução da área operacional sempre foi comigo. O Molina tem uma enorme competência para fora, porque sabe conversar como ninguém com futuros parceiros, sabe farejar negócios e estuda tudo o que vai falar, eu tenho o meu ego: arrumação de casa, formação de equipe, limpeza de passivo, é comigo. E tem uma magia entre nós: eu nunca pretendi concorrer com o Molina, nem vice-versa. Quando começamos a ficar num tamanho já razoável para grande no mercado, quando adquirimos visibilidade como empresa e começamos a receber convites para participar de eventos fora, o que era um papel do Molina, ele nunca — nunca! — deixou de me avisar antes quais eram as agendas e me chamar para ir junto com ele. Então, isso é admirável. É uma parceria, é uma vida juntos. Essa era a nossa divisão de trabalho, e deve ter dado certo: vivemos uma vida inteira assim. O Mário Petrelli, com aquele jeitão dele, brincalhão, comunicativo, quando chegávamos nas reuniões do nosso setor e tinha gente que não me conhecia, falava: "Esse aí é o anjo da guarda do Molina". E o Molina na sala.

E vice-versa? Molina era seu anjo da guarda também?

Sim! Claro! (risos).

UM
TIPO
INESQUECÍVEL

Nilton Molina visto da perspectiva familiar

Molina? O que o Molina é para mim? Tudo! A vida! Conheço o Molina há mais de 70 anos. Qual vida seria a minha, sem ter o Molina ao meu lado? Não sei, ninguém sabe; mas, certamente, eu não seria essa Sara aqui.

SARA MOLINA, a companheira e o amor da vida inteira.

A maior qualidade de Nilton Molina, meu pai, é a capacidade de síntese que ele tem. Um problema surge diante dele, seja na vida pessoal, seja na vida profissional... não importa o tamanho do problema. Pode ser gigante! Ele para, foca em todos os aspectos do problema, desidrata as questões acessórias, empacota o problema direitinho, põe sobre a mesa, à altura do olhar dele, e a partir daí vai buscar uma solução. E muitas vezes encontra. E, quando encontra, é uma boa solução. Então, a capacidade de síntese é a maior virtude dele, para tudo.

HELDER MOLINA, o único filho.

O que Nilton Molina representa para mim? É o meu melhor amigo, meu grande conselheiro, a pessoa mais dedicada à família com quem já cruzei em toda a minha vida. Nunca haverá ninguém como ele. Considero-me a mulher mais feliz do mundo por tê-lo como pai.

MONICA MOLINA, a única filha.

O coração do meu "vô" fala por ele. É grande demais, cabe todo mundo lá dentro, mas não amolece quando tem de dar as broncas certas. Ele é a pessoa mais incrível e mais sábia que já vi. Não importa o assunto, independente do tema e do problema, meu "vô" terá um conselho a dar. Eu às vezes me pergunto quantas vidas ele já viveu, ao longo da única vida dele, para conseguir nos passar tanta coerência, sabedoria, vontade de descobrir o novo e de viver mesmo.

NATASCHA TOLEDO PIZA PIERONI MOLINA, a única neta.

E os netos:

Meu avô é uma pessoa mágica. Ele tem um sexto sentido, como se fosse um mago, que usa seus conhecimentos das formas mais diferentes (e inusitadas) com familiares, colegas de trabalho, amigos. Pessoas, é disso que ele mais entende e cuida. Sua intuição é gigante e sabe usá-la de forma sábia: as conversas nunca são apenas conversas, há sempre uma profundidade, criada pelo simples fato de saber escutar (e como escuta) e fazer as perguntas certas, que levam a um questionamento saudável. Sua presença é suficiente para mudar a dinâmica das coisas e fazê-las fluírem.

RICARDO MOLINA FALLETTI, o mais velho.

Mente brilhante, porto seguro, professor, amigo, companheiro, incentivador, ídolo. Sabe também ser bastante exigente e desafiador, para que eu siga em uma busca constante para a superação dos limites.

NILTON MOLINA NETO

Uma pessoa maravilhosa, com um interesse genuíno pela vida e pelo bem-estar das pessoas. Uma pessoa da família que sempre esteve a postos para escutar e dar bons conselhos nos momentos mais difíceis. Tem visão de longo prazo, que vivencia os desafios da jornada como ninguém. Um empreendedor e profissional dotado de uma criatividade ímpar. Meu avô é uma pessoa iluminada, a principal referência na minha vida!

RENATO MOLINA FALLETTI

Fonte de inspiração. Na carreira profissional, exemplo a ser seguido. Um carinho imenso, que nunca falta. A visível felicidade simplesmente por estar junto. A paciência e vontade de ensinar, independentemente do quão teimoso eu possa ser. O interesse diário na vida de cada um de nós, tentando entender cada problema, celebrar cada conquista e nos aconselhar em cada dúvida que temos. Assim é meu avô.

MARCELO TOLEDO PIZA PIERONI MOLINA

Se, em sua encarnação profissional como executivo, empresário, empreendedor; enfim, como "O Homem Que Vendia Futuros", Nilton Molina traçou uma trajetória de sucesso, em meio a um patriarcado no qual integrava uma espécie de Santíssima Trindade, ao lado de personagens que escreveram seus nomes na história do mercado de seguros de vida e da previdência privada no Brasil, como Mário Petrelli e Antônio Carlos de Almeida Braga, na dimensão pessoal de sua vida ele se submeteu a um matriarcado. E, indubitavelmente, a matriarca plenipotenciária dessa encarnação familiar de Molina sempre foi a esposa, Sara.

Nas empresas, empreendimentos, corporações etc. que foi abrindo, adquirindo, ampliando e consertando; vendendo e incorporando, ao longo da caminhada profissional, o amigo e sócio Fernando Mota era quem organizava as coisas "da porta para dentro" e afinava as cordas para tocar junto com Molina, qual maestro e *spalla* fazem nas orquestras. Em casa, tal papel sempre coube a Sara.

"Quando o Molina pede o cardápio nos restaurantes, eu já digo qual o prato que ele vai comer", brinca ela, dando contornos de piada interna à fácil constatação à qual se chega mesmo quando não se tem o privilégio de ter longo convívio com o casal: da linha divisória do exterior para dentro do seio familiar, quem manda é a mulher.

Ser comandado por Dona Sara, como a esposa é chamada pelos amigos (e, muitas vezes, pelos netos) jamais incomodou Molina. Ao contrário, percebe-se em breve observação, que a percepção do lugar-comum tira dele o peso de ter de se preocupar com questões da rotina doméstica que poderiam desviar-lhe do foco que sempre procurou concentrar em assuntos profissionais.

O ex-presidente Fernando Henrique Cardoso costumava dizer que só é possível levar a sério os homens que riem das piadas feitas sobre si mesmos. Interpretando-se literalmente esse conceito de FHC, pode-se dizer que Molina, sem sombras de dúvidas, é um homem para ser levado a sério.

"É injustiça falar que a Sara é dura, que manda em mim ou que deseje determinar tudo na minha vida pessoal. Ela nunca deixou de me dar a última palavra: "sim", sempre que queira fazer alguma coisa e precise da minha presença ou companhia. E "sim, senhora", mais solene, caso exista alguma discordância", conta ele.

Em seguida, engata a marcha da seriedade e agradece por serem assim as coisas dentro de sua casa.

"Eu nunca precisei ser chamado a intervir nos assuntos de gestão da casa. De obras civis à manutenção da despensa, do café da manhã ao jantar, a Sara sempre resolveu tudo. Isso me liberou muito para tocar, com tranquilidade, as coisas do trabalho. Tenho consciência de que essa sintonia é um privilégio, e me ajudou muito ao longo da vida."

Executivos e parceiros de negócios que cruzaram caminhos com Molina ao longo da vida dão exemplos sem fim dessa química perfeita.

"Certa vez, ele estava me passando algumas determinações, não lembro exatamente quais, e percebeu que eu não anotava o que falava", rememora José de Medeiros, que foi executivo muito próximo de Nilton Molina na Icatu Seguros. "Daí me perguntou: 'Ô Medeiros, não está anotando?'. Eu disse que não. E ele: 'Quem você acha que é a pessoa em quem mais confio na vida?'. Nem pensei duas vezes e respondi, querendo fazer média: a Dona Sara. 'Não!', disse ele, rindo. E completou: 'Confio integralmente na Sara, mas a pessoa em quem mais confio na vida sou eu mesmo. E sempre anoto as minhas ideias, os projetos, o que quero falar e posso te dizer que não me dei mal por isso; portanto, anote! Porque, se não anotar, esquece'. Peguei um bloquinho e saí anotando dentro do táxi, até o aeroporto, tudo o que ele me dizia. Era uma série complexa de determinações. No aeroporto, em vez de parar, ele me mandou voar junto. Tive de comprar a passagem na hora para seguir anotando. No outro aeroporto, pegaria um voo de volta. E fiz assim. De fato, mesmo para quem confiasse plenamente na esposa, eram dados demais para tamanha confiança", encerra Medeiros, brincando.

"Nunca foi segredo entre nós: Molina sempre foi comandado pela Sara. E ela detestava essa mania que eu sempre tive de ligar para ele a qualquer hora do dia, ou da noite, ou mesmo da madrugada, para falar de negócios. Mas, tínhamos uma relação tão leve, tão próxima e de tanta confiança, que depois brincávamos todos com as cobranças da Sara", contou Mário Petrelli a Oswaldo Miranda numa das entrevistas gravadas no processo de apuração desse perfil biográfico.

Sara Molina faz troça com a fama de ser irritadiça ante demonstrações, tão corriqueiras quanto prosaicas, da falta de jeito do marido para as atividades triviais da casa.

"Eu já falei que essa cor de camisa não combina com a bermuda que você está usando, Seu Molina. E mais: bermuda estampada, camisa lisa. Camisa estampada, bermuda lisa. Molina, você nunca aprende!", repreendeu ela durante uma das gravações para o perfil biográfico dele, no confortável apartamento da rua Professor Artur Ramos, na capital paulista em que passaram a morar em 1979, convertendo aquele no endereço central da família.

"Acho que nunca vi o meu pai escolher a própria roupa, a não ser que estivesse numa viagem sem ela. A minha mãe é tão determinada a deixar claro aquilo que sempre soubemos em casa, que ela dá as ordens da porta para dentro. E isso inclui dizer o que ele vai vestir, o que vai comer, quando deve iniciar ou terminar a discussão de determinados assuntos. E não há rispidez em nada disso, tudo é feito com muita leveza. Não conheço, de verdade, um casal tão apaixonado e por tanto tempo quanto os dois, meu pai e minha mãe", afirma Monica. "Nilton Molina é o homem da minha vida, digo isso sem nenhum problema e digo sempre", completa Sara.

A habilidade para falar de qualquer assunto, a atenção com que escuta o interlocutor e a sem-cerimônia com a qual opina sobre quaisquer temas — desde que lhe peçam opinião, claro — são traços característicos do executivo, empresário e empreendedor Nilton Molina, que também marcam o marido, pai e avô Nilton Molina. Ouvindo-o com atenção, descobre-se ser essa uma das marcas simbólicas de sua personalidade que ele gostaria de ver ressaltadas e relembradas pelos bisnetos que começam a nascer. Em abril de 2021, quando este livro foi encerrado, já havia celebrado o nascimento de dois deles, Nilton e Vicente, ambos os filhos de Nilton Molina Neto, o filho mais velho de Helder.

Molina sempre vibrou com o nascimento de cada um dos cinco netos. Mantém com todos eles uma relação franca e aberta. Ricardo Molina Falletti, o primogênito deles, filho de Monica e Augusto, nasceu em novembro de 1986. Foi também, evidentemente, o primeiro a concluir um curso universitário que, por falta de tempo e em razão dos mergulhos profundos nas atividades profissionais, durante a espiral de sucesso do Erontex da Sorte, o avô nunca conseguiu terminar. Formado em *marketing* pela Escola Superior de Propaganda e Marketing (ESPM), Ricardo trabalhou por quatro anos em Nova York no desenvolvimento de uma *start-up*. Regressou ao Brasil e passou a se dedicar aos negócios imobiliários da família do pai, os Falletti.

Nilton Molina Neto, filho mais velho de Helder e Helô, foi o segundo neto de Molina. Nasceu em janeiro de 1989, formou-se em engenharia de produção pela Universidade Mauá e por cinco anos dedicou-se a trabalhos na área. Depois, tornou-se CEO da Binswanger Brasil, empresa de desenvolvimento imobiliário controlada por ele e Helder.

Seis meses depois, em julho de 1989, nasceu Renato Molina Falletti. Formado em administração de empresas na mesma ESPM em que estudou o irmão, Renato trabalhou no mercado financeiro por seis anos e depois se tornou sócio e executivo da Action, empresa especializada em colocação de mídia *out-of-home* (OOH).

Natascha Toledo Piza Pieroni Molina, a única mulher dentre os netos, nasceu em junho de 1991. Formada em *design* gráfico com ênfase em *marketing* pela ESPM, é sócia e executiva na agência de *design* e criação *i10as*.

Por fim, Marcelo Toledo Piza Pieroni Molina, nascido em setembro de 1995, é o derradeiro dentre os netos. Formado em engenharia civil pela Pontifícia Universidade

Católica do Rio de Janeiro, trabalha na RFM Construtora, como engenheiro de obra.

"Sempre consegui conversar sobre tudo com o meu avô", diz Natascha. "Tudo. Qualquer tema. Não se pode, claro, chegar de uma vez, pôr um assunto na mesa, e esperar dele uma opinião qualquer. Há determinados temas que eu sei que vou ganhar muito ouvindo o que ele tem a dizer, mas sei que ele discorda do que eu penso. Dou uma volta, exponho o que eu quero falar, e vejo que ele ouve atentamente. É muito bom você ser ouvida com atenção por alguém mais velho, mais experiente, sobretudo por ele, que parece ter vivido tudo na vida. Meu avô é admiravelmente assim. E, depois de nos escutar como se fôssemos as únicas pessoas a falar no mundo, ele dá a própria opinião. Nesse momento você tem de ouvir, ele te cobra mesmo. É como se dissesse: 'Aprendeu? Tem de saber escutar'. E nunca são opiniões banais, são opiniões que ajudam de fato. E ele deixa passar um tempo, depois te chama para uma conversa, puxa você no meio de uma reunião de família, e pede para falar sobre seus projetos, dizer se está tendo retorno, se quer mudar algo... Sinceramente? Acho meu avô único."

Pode-se dizer de Nilton Molina que ele pertence ao seleto clube de pessoas capazes de inventar a própria família. A centelha para a criação de um círculo de amigos leais, de relacionamento longevo e sólido, resplandeceu como faísca no início dos anos 1960. Foi quando começou a se constituir o grupo de Itanhaém, cidade do litoral sul do estado de São Paulo, distante 110 quilômetros da capital. A rápida ascensão social do casal Sara e Molina, o nascimento do primeiro filho, Helder, em janeiro de 1960, e em seguida de Monica, em dezembro de 1962, e o mergulho vertiginoso que ele deu em suas agendas profissionais nos primeiros anos de casamento levaram a um afastamento paulatino de ambos da rotina bucólica do fim da infância e da adolescência vividos entre os bairros da zona Oeste paulistana — Pompeia, Lapa e Barra Funda.

Nos primeiros meses de vida em comum, até os primeiros dois anos de Helder, os programas que mais e melhor pareciam com o convívio familiar idealizado por Molina eram os piqueniques dominicais no Arujá Country Club, um clube campestre localizado no Alto Tietê, periferia da capital paulista. Sem dispor de automóvel próprio, os Molina aproveitavam a carona de um vizinho que trabalhava como consultor de vendas do Laboratório Pfizer e era sócio do Arujá, para onde ia com a mulher e os dois filhos. Quatro adultos e três crianças num Fusca, mais tralhas de piquenique, em domingos alternados: havia felicidade genuína naquela simplicidade de uma família emergente e sonhadora.

"Quer saber? A gente conversava de tudo, todo mundo dava a mão ao outro quando necessário, cuidávamos das crianças uns dos outros. Alguma coisa daqueles momentos me dá saudade até hoje", confessava Molina, ao olhar mais de 70 anos para trás, enquanto gravava depoimentos para este livro.

A mesma lógica de companheirismo, de intimidade e de grupo de ajuda mútua governou os amigos do casal Molina em Itanhaém. Contudo, a segunda turma foi mais perene. A união de pais, filhos e netos perdurou por ao menos três gerações.

"Nossa amizade, o espírito que nos une, dura já uma vida", atesta Helder, que conserva proximidade e intimidade de 60 anos com muitas das amizades forjadas nos feriados e férias da cidade do litoral sul de São Paulo.

As idas a Itanhaém começaram a ocorrer quando a estabilidade financeira de Molina foi chegando e o Arujá Country Club já estava sendo superado como paradigma de relaxamento e diversão. No balneário, que também conferia ares campestres às casas do condomínio incialmente alugadas e, depois, adquiridas pelos convivas do grupo que foi se estabelecendo, era possível passar dois, três dias mais à vontade. Depois, parte das férias, feriados inteiros. O compadrio, a troca de visões comuns de mundo e a ajuda recíproca amalgamou e consolidou a turma de jovens casais adultos que experimentavam momentos semelhantes em suas vidas.

E, para Molina, Itanhaém também passou a ser um desafio às suas convicções mais aventureiras e à certeza que por vezes parecia ter: as de que suas previsões eram infalíveis e suas ideias, fadadas ao sucesso. Em meados de

1976, ele e Fernando Mota compraram (Fernando não queria, mas aceitou), nos limites da cidade, uma fazenda de 2 mil hectares, e planejaram transformar a área na maior plantação de cacau fora da Bahia.

Mais uma vez fiel à tradição de jamais entrar em qualquer negócio sem estudar a fundo os desafios com os quais irá se deparar, Nilton Molina mergulhou em livros e apostilas que tratavam da cultura cacaueira. Descobriu que um dos grandes pesquisadores do cultivo do cacau e das pragas, que àquela altura já haviam dizimado diversas plantações de cacau no sul da Bahia, era um professor da Universidade de Campinas, Fausto Coral. Contratou-o como consultor e os dois organizaram uma viagem de estudos *in loco* a fazendas baianas da região de Ilhéus. Lá, Molina reuniu-se com o superintendente da CEPLAC, órgão do Ministério da Agricultura, centro de pesquisa e desenvolvimento da lavoura cacaueira brasileira, um dos maiores *think tanks* e núcleo de investigação científica aplicada — e escutou dele que plantar cacau no litoral sul paulista era inviável.

Nada mais desafiador para o espírito *molinesco* do que uma opinião em contrário tão peremptória, até porque o professor da Unicamp contratado por ele assegurava o contrário e garantia bons resultados no cultivo de cacau em Itanhaém. Ante tais desafios, decidiram plantar um milhão de mudas de cacau na fazenda. A dupla de "irmãos eleitos", Molina e Fernando, como era sua forma de fazer negócio, sempre *by the book*, observando todas as regras e determinações legais para não encontrar contratempos que invariavelmente se revelam mais dispendiosos que cálculos prévios, estruturaram uma empresa agropecuária totalmente em conformidade com as exigências da lei.

Aqueles 2 mil hectares, antes abandonados e guardados por apenas uma dupla de vigias, como conta em detalhes Fernando Mota no capítulo que se viu anteriormente, o irmão eleito, converteram-se numa fazenda ativa que chegou a ter cerca de 400 funcionários registrados, refeitório com nutricionista à disposição dos empregados, 1.200 pessoas morando lá dentro, um investimento calculado em mais de 300 mil dólares mensais e uma intensa atividade de plantio de mudas de cacau e de bananeiras.

De acordo com as boas técnicas agrícolas, os cacaueiros têm de ter intercalados entre si outra árvore que lhes forneça sombra nos primeiros anos de vida. A bananeira é ideal para isso, pois cresce mais rápido e fornece sombra consistente. A vontade de acertar e a ânsia por resultados eram enormes, mas o fiasco foi estupendo. Mesmo com intensivas correções, o solo do local e o regime de chuvas se revelaram totalmente inapropriados para o cultivo do cacau. A fazenda de Nilton Molina e Fernando Mota, cuja produtividade havia se convertido numa espécie de desafio e de apostas nos bate-papos divertidos da turma de Itanhaém, revelara-se, também, enorme fiasco financeiro.

Mais tarde, coube a Helder assumir a linha de frente do primeiro projeto de salvação dos investimentos realizados no empreendimento agrícola. Se os cacaueiros minguaram, as bananeiras demonstravam estar plenamente adaptadas ao solo e ao clima locais, e à topografia. As colheitas de bananas passaram a ser consistentemente crescentes e a aventura se converteu numa busca de agregar valor à produção e comercializá-la. Em razão disso, o tema "fazenda de Itanhaém" migrou dos capítulos que narraram o Molina empreendedor para este, derradeiro, que busca descrever o tipo inesquecível que é o marido, o pai, o avô, o bisavô e o amigo Nilton Molina. Tendo bebido na fonte paterna, Helder se tornou um estudioso e especialista no cultivo de bananas. Havia mercado para a fruta, inclusive no exterior. A ascensão da fazenda de Itanhaém ocorria quando a outrora maior produtora mundial de bananas, a norte-americana United Fruit Inco., entrou em colapso.

"Assumi a fazenda em 1979, aos 19 anos. Eu era estudante de engenharia eletrônica, havia entrado na *holding* da Augustus porque papai estava dedicado ao Bradesco e precisava ajudar o Fernando a tocar as coisas. Então, assumi a operação de Itanhaém. Em 1983, terminei de erradicar o cacau, havia dado tudo errado. Mas a produção de banana era boa, promissora", conta Helder, deixando claro que a obstinação passara, de certa forma e em outro grau, de pai para filho. "Fui para os Estados Unidos e comecei a observar o ciclo da "Chiquita", banana exportada da América Central e da Colômbia para lá. Peguei duas caixas de "Chiquita", levei para o hotel, desmontei, pus na mala, trouxe para o Brasil. Fui a uma fábrica de embalagens, mandei fazer uma dúzia de caixas cartonadas iguais, montei, embalei nossas bananas e fui para uma feira agrícola na Alemanha. Voltei de lá com contratos de exportação da fruta para Bélgica, Holanda, Inglaterra e a própria Alemanha. Semanas depois, dois contêineres cheios de nossas bananas estavam indo para a Europa. Era a primeira carga de banana brasileira a ser exportada para a Europa. Ainda assim, não deu certo. Terminei ajudando a ampliar o prejuízo que havíamos tido com o cacau. Estimo, a dinheiro de hoje, uma perda de US\$ 20 milhões na fazenda de Itanhaém.”

Em 2021, quando Helder Molina fez a estimativa de perdas acumuladas, a fazenda de Itanhaém seguia como patrimônio na *holding* familiar e estava vocacionada para o plantio e envaze de palmito.

“Parece que agora vai!”, comemorava Molina, num profundo suspiro de esperança, em março de 2021. “Ali, tem futuro!”

A saga das plantações de cacau e de bananas no refúgio dos Molina, onde deveria reinar a paz e servir de pouso para o descanso de todos, foi responsável por Nilton e Sara terem mantido algumas das mais intensas conversas sobre o mecanismo de funcionamento do casamento e da divisão de papéis entre eles.

“Sempre fui contra a fazenda. Ali, naquele assunto, o Molina não me ouviu. Ver o Helder se dividir entre o curso de eletrônica e as bananas doía muito para mim. Fui contra, cobrava dele, foi uma forma muito difícil de ensinar. Mas, vi aquilo, depois, como um pai mostrando ao filho como mergulhar e fazer. No calor do momento, quando as coisas aconteceram, não gostava, não gostava", seguia protestando enfaticamente Sara Molina, mesmo décadas depois.

"Podia ter feito as coisas diferentes", admite Molina. "Mas, foi daquele jeito, na época não havia muito tempo para pensar. E vi o Helder realmente mergulhando no tema, aprendendo como poucos todo o ciclo do negócio. Nesse aspecto, foi caro. Mas, sem dúvidas, foi bom."

"Não reclamo, hoje, da forma como tive de assumir a fazenda de Itanhaém", completa Helder. "Tinha 23 anos quando vendi aquele primeiro carregamento de bananas para a Europa, tinha acabado de me formar em Engenharia Eletrônica, sofri muito e aprendi muito também. Talvez as coisas pudessem ter vindo para mim de outra forma. O saldo para a vida, entretanto, foi bom e não reclamo: vivi."

Como costuma acontecer na cúpula de todo matriarcado na forma de uma tendência dominante, o diapasão da disponibilidade entre os pais e os filhos ocorre em proporções diferentes entre uns e outros e, algumas vezes, com sinais de gênero trocados. Não é diferente na família de Nilton Molina, e isso não é mistério algum ou motivo de divergência entre os irmãos Monica e Helder.

"Meu pai é meu herói, e isso está muito claro entre nós desde sempre. A relação dele com o meu irmão é de outro patamar, e tem o mundo dos negócios também. Hoje, o Helder toca o principal negócio da família, o Mongeral Aegon e sei que não é fácil sentar-se na cadeira e pegar na caneta que foi de "Seu" Molina. Essa relação de cobrança e entrega constantes começou desde lá detrás, com a fazenda de Itanhaém", constata Monica.

"Talvez haja até certa sabedoria familiar, aí, nesse negócio de o filho ter uma relação mais fluida com a mãe e a filha, com o pai. Graças a Deus somos só dois!", diz Helder, com ar ora brincalhão, ora analista. "Meu pai, no trabalho, nos limites da empresa, onde reinou por muito tempo, era um leão e não era fácil. Às vezes, muito duro na cobrança. E, em casa, parecia outra pessoa: obedece a Dona Sara, e olha que muitas vezes a minha mãe é difícil mesmo... Procurei sempre ser um elo entre esses dois temperamentos fortes e, para isso, terminei criando com a mamãe a fluidez que a Monica tem com o papai. Em resumo, não tenho dúvidas: eu e a minha irmã fomos mimados por nossos pais, em sentidos invertidos."

Helder havia recém-completado 60 anos quando reconheceu os mimos dos pais a ele e a Monica. Em geral, é raro ouvir pessoas adultas, maduras e largamente experimentadas pela vida falarem com naturalidade algo que, em determinados núcleos familiares, é tratado com certa reserva ou pudicícia. Entre os Molina, não. Conduzindo com rara sabedoria a dualidade entre o personagem que foi à luta no mundo dos negócios, viu a vida como ela é e venceu, estabelecendo-se como um dos líderes no seu setor, e o pai de família que revogou quaisquer vaidades de briga por espaço dentro de casa e se entregou a um sábio matriarcado — que, de resto, para ser um modelo de governança familiar —, Nilton Molina assistiu à chegada dos dias plácidos de bisavô com uma única frustração na forma como criou os filhos: não ter executado os planos de tirar um período sabático para cruzar a Europa, ou mesmo os Estados Unidos, de *motor home*, quando Helder estava saindo do ensino médio (antigo Científico, ou Segundo Grau) para entrar no curso de engenharia eletrônica na Universidade Presbiteriana Mackenzie, e Monica estava entrando no Segundo Grau.

"Esse foi um sonho não realizado. Um sonho, ficou na minha cabeça até hoje — dizia ele, às vésperas de completar 85 anos. "Sempre tive consciência de minhas ausências no dia a dia do crescimento dos meus filhos. A Sara sempre cuidou muito bem dessas lacunas que eu deixava, porque também entendeu, a vida toda, que se tratava de compromissos de trabalho e eu não podia ter dispersão de energia para determinados problemas de rotina. Planejei esse período, seis meses, ou um ano, viajando com eles. Mas, vendi mal a ideia: aluguei um *trailer* aqui no Brasil e fui com eles para a praia, em Ilhabela. Deu tudo errado, era desconfortável, a Sara detestou, e ninguém se encantou pelo projeto. Desisti."

Como muitos dos empreendimentos que terminaram ganhando um pouco da alma obstinada de Nilton Molina, a ideia de sair de *motor home* não foi abandonada de todo. Ela se converteu em outra coisa, não é possível saber se melhor ou pior, mas com o mesmo objetivo de fundo: unir os familiares reunindo-os em viagens mais íntimas.

Se não deu para realizar o sonho com os filhos nas franjas da juventude, ele pôde curtir mais ou menos o que queria com os netos, com Sara e, também, com Helder e Monica num iate comprado em sociedade com três amigos, tudo organizado e comandado pelo Lobato[46], e que serviu para viagens bem planejadas no Caribe e no Mediterrâneo. O barco foi vendido depois de quatro anos, conforme havia sido combinado desde o início entre os parceiros e sócios daquele sonho realizado, serem donos de um iate.

"Não posso dizer que o barco serviu exatamente aos mesmos propósitos que eu queria com a ideia do *motor home*, mas é inegável que tenham sido dias muito prazerosos naquelas viagens. Gostei intensamente de tê-las feito e estou pensando fortemente em repetir a aventura!", exclama Molina, sem dar margem a que se pense que é brincadeira: é possível "escutar" até três exclamações na revelação impetuosa de vontade dele.

Ainda que a administração de sua vida pessoal estivesse entregue, desde os 22 anos, à esposa Sara e ela tivesse constituído uma sociedade matriarcal dentro da qual pontificou como soberana pelo resto dos tempos, mandando e desmandando nas atividades rotineiras de Nilton Molina, o homem que viveu de inventar futuros não poderia escapar da avaliação implacável e mordaz dos quatro netos

---

[46] Antônio Carlos Lobato, empresário fluminense, amigo pessoal do casal Molina.

homens. Inesquecíveis para todos eles, dois momentos: a memorável e homérica bronca acompanhada de um castigo com prisão "domiciliar" na cabine de um navio dada aos netos durante a entrega do prêmio "Galo de Ouro" de 1996; e as idas bissextas a cassinos dentro dos quais divertem-se contemplando o avô exibindo-se na condição de grande conhecedor de todas as regras, de todos os jogos, e também de uma espécie de diferencial competitivo único que o faz dono de um autocontrole singular — jamais perdeu a cabeça e foi além da reserva restrita de fundos calculada para cada visita lúdica às casas de jogos que, às vezes, arruínam personalidades.

"Quando começa a teorizar sobre o próprio comportamento nos cassinos, ele se descreve como um estatístico que aplica a Teoria dos Jogos ali dentro", descreve Renato, o filho caçula de Monica. "Mas, a relação dele com os cassinos é um paralelo pronto e acabado de como ele toca a vida. Meu avô conhece todos os jogos de dentro de um cassino. Não joga todos, mas sabe as regras de todos e os macetes dos jogadores de cada um deles. Ele chegou ali depois de estipular o teto de gastos para aquela noite, ou para aquele fim de semana de jogos. Daí, concentra-se no que dá mais prazer, exercita milimetricamente o autocontrole e se diverte."

"Tem prazer em nos ensinar tudo ali dentro, didaticamente, mostrando como é importante olhar a atmosfera ao redor", intervém Marcelo, o neto caçula, filho de Helder.

"E o mais fantástico: ele ganha muito mais do que perde, porque nasceu com o traseiro virado para a Lua...", conclui Nilton Neto, o filho mais velho de Helder. "...E é um espetáculo vê-lo caminhar do salão de jogos de volta à mesa, com um sorriso enigmático de prazer nos lábios. É o sorriso do predador voltando com a presa para dar à ninhada. É uma maravilha acompanhar o velho Nilton Molina num cassino."

Se as idas a cassinos estão preservadas na memória deles como momentos exemplares de celebração e de aprendizado de algumas das regras fundamentais para sobreviver na selva — a vida real, que pede autocontrole e olhar panorâmico para todos os problemas e as soluções no horizonte —, o episódio do castigo no "Galo de Ouro", no navio, impôs limite à liberdade deles e obrigou-os a respeitar os espaços dos outros.

Durante o "Galo de Ouro" de 1996, quatro dos cinco netos, com idades entre cinco e dez anos (ainda bebê, com pouco mais de um ano, Marcelo, caçula de Helder, evidentemente não integrava o grupo), uniram-se para "desafiar" e tirar a concentração do avô justo no momento para o qual ele se preparava a fim de exibir com glamour, pompa e circunstância, para todos os colaboradores presentes ao evento, a amplitude de seu talento de *showman* como palestrante.

Em cima de um palco, com o microfone nas mãos, sempre de pé, indo e vindo da direita para a esquerda e vice-versa, Molina aprendeu a cativar plateias. Pelo menos dois dias antes, rascunhava a linha mestra do que desejava falar. Em seguida, ia à cata de números, estatísticas e exemplos práticos que demonstrassem as teses que desejava expor. Na noite anterior ao evento, começava a passar mentalmente o que queria discursar. Se fosse usar recursos de imagens, como *data shows* ou *Powerpoint*, tratava de reduzir o número de lâminas ao mínimo necessário para não cansar quem o ouvia. Antes de começar a falar, observava atentamente o público e criava conexões mentais entre o que desejava falar e histórias pessoais de uma ou outra pessoa presente — isso prendia a atenção dos espectadores. Naquele dia específico, ainda crianças, liderados pelos mais velhos Ricardo e Nilton, os netos, cortaram o avô, soltaram piadas no meio das primeiras frases dele, riram alto. Molina perdeu o rumo do discurso, não conseguiu transmitir o que desejava, irritou-se e, ao descer do púlpito, convocou as crianças às falas. Os netos conheceriam a partir dali uma faceta do avô, um homem que sabe ser duro na hora de mostrar o que é certo e o que é errado. Foi inesquecível para as crianças.

"Tínhamos alguma noção da importância daquele evento para meu avô, para meu pai, para o tio Fernando. Só não sabíamos que ele poderia se desconcentrar tão facilmente", conta Nilton Neto. "Ficamos fazendo piadas com o discurso dele, em voz alta. Ele se enrolou todo, perdeu a concentração, o centro, o rumo."

"Fomos lançados em duas cabines do navio. Não saíamos nem para comer. A vovó levava comida. Tivemos de negociar a nossa liberdade pedindo desculpas a ele e escutando um sermão monstro", relembra Ricardo, o mais velho dos netos.

"Nem eu escapei", sorri Natascha, balançando afirmativamente a cabeça, ao ser perguntada se se lembrava da detenção. "Foi um evento histórico e didático. Foi o maior castigo dado por nosso avô a todos nós. Mas, merecemos."

Começando por ela, a única mulher dentre os netos, toda a terceira geração da família formada por Sara e Nilton enxerga no avô uma espécie de "melhor amigo" sem denotar quaisquer tipos de temor reverencial. A certeza de quem sai da conversa com eles sobre a figura icônica e emblemática do homem que devotou a vida ao plantio de bosques de carvalhos e faz a maior e melhor colheita da madeira inigualável da árvore-símbolo da longevidade nobre é a de apreenderam exatamente o que Molina sempre pareceu deixar de legado: foco e determinação são ferramentas essenciais na construção de caráter para vencer na vida. Onde vai vencer é acessório. Como vencerá — sabendo estudar cada passo, entregando-se a todas as missões da trajetória — é o fundamental.

"Meu avô sabe fazer as perguntas certas, sempre. Ele fica te ouvindo, observando, refletindo instantaneamente o que você fala para ele. De repente, com uma pergunta, ele te encurrala: testa se você vai saber responder, se tem segurança para responder", descreve com precisão Ricardo, o filho mais velho de Monica.

"É impossível entrar numa conversa com meu avô sem dominar um tema e querer fingir que o domina. Ele sabe cercar a gente: faz uma pergunta, escuta a tua resposta, daí aumenta o grau de dificuldade, faz outra pergunta, e segue assim até você falar que não sabe, que precisa estudar mais. Ao falar que não sabe, ele passa a pontificar e te domina. É como um jogo, mas é um jogo no qual ele te testa e te ensina", diz Nilton Neto, revelando uma capacidade ímpar de observação do comportamento, que é outro diferencial competitivo salutar de Molina, ressaltado até pelos executivos do mercado em que ele virou jardineiro, do bosque de carvalhos que é o setor de planos seguro de vida e de previdência privada.

"No âmbito familiar, o vendedor fora de série se converte em um comprador muito duro, austero. Se ele se opõe a uma coisa, a um projeto de alguém dentro da família, ele não vai dizer nunca que é contra. Mas, vai te pressionando com todas as perguntas possíveis para ver você defender com afinco o seu projeto. A intenção dele será fazer com que você chegue à mesma conclusão dele, mas por seus caminhos próprios", diz Marcelo, o caçula de Helder, descrevendo o avô.

A pandemia por coronavírus não teve o condão de aproximar ainda mais os netos do avô, tampouco os afastou. Eles sempre foram muito próximos. Entretanto, os dias de confinamento até o gradual relaxamento e o estabelecimento de protocolos familiares de segurança para o retorno seguro do convívio entre os Molina permitiram um olhar ainda mais incrédulo dos netos em relação ao avô.

"Acho surreal um homem de 85 anos, que sempre apostou tudo na própria capacidade de comunicação e interação, ter se reinventado a ponto de virar um especialista em *lives* (reuniões transmitidas ao vivo, por meio de plataformas ou aplicativos baixados em celulares, TVs ou computadores). Quantas *lives* meu avô faz por semana, de palestras ou reuniões de negócio, em meio a essa pandemia? Nunca são menos de três ou quatro por dia. E ele, que não parava para trabalhar em casa; casa era para a família e o escritório e a rua, para o trabalho", admira-se Renato, filho caçula de Monica.

Até o momento em que os desígnios do destino determinaram que a pandemia de Covid-19 impusesse um freio brusco na forma intensa com a qual Nilton Molina abraçou a vida desde os 13 anos, desde quando conseguiu o primeiro emprego de encarregado de serviços gerais no ambulatório do Instituto de Aposentadoria e Previdência dos Comerciários do Estado de São Paulo, raríssimas foram as pausas reflexivas dele, em dias de semana, no confortável apartamento da Professor Arthur Ramos, para olhar para trás e contemplar a própria trajetória. A rotina mudou desde 18 de março de 2020, quando Helder o avisou que toda a diretoria, secretárias e equipes de apoio, assim como os líderes de grupos e os colaboradores da MAG Seguros, passariam a trabalhar em regime de *home office* integral a fim de se preservarem de contágio por coronavírus. O pequeno *lounge* localizado entre a mesa de sinuca e o bar do andar superior do apartamento foi convertido em sala de reunião e descompressão. Uma mesa redonda com computador, fone de ouvido, celular e o indefectível álcool gel converteu-se em mesa de trabalho. A biblioteca caseira, com os exemplares dos clássicos lidos na juventude e no início da maturidade — "quando a diversão dominical ou noturna era escassa, não tinha esse apelo do *streaming*" — ressalta ele, estava a menos de 25 passos para mergulhos mais profundos na hora de estudar os temas sobre os quais falaria nas *lives* sucessivas que foi aceitando fazer. Era um Nilton Molina que havia, mais uma vez, conseguido se reinventar no lugar de apenas se aposentar.

"O que mudou na vida dele? Na pandemia, ele descobriu que pode ter mais tempo para viver a vida e para ouvir os netos", observou Marcelo, o filho de Helder.

O jardineiro do bosque de carvalhos aprendera uma nova forma de seguir cuidando da plantação de árvores que só darão madeira de lei, duas ou três décadas à frente. Permanecia vendendo futuros — a partir dali, fazendo os olhos brilharem quando falava do Instituto de Longevidade MAG. Não parar de trabalhar, não se aposentar. Apenas mudar a rotina, o que já era muito para quem chegava aos 85 anos.

"Aposentadoria não existe para quem tem energia, saúde, autonomia e cabeça boa, chegando a essa idade", dizia Molina, feliz, na conclusão de uma das entrevistas. "Não parei de trabalhar: só me adaptei à nova rotina. E a vida exige isso, pede sonhos. E sonhos não são aposentados. Sonhos precisam ser sonhados. Sempre."

EPÍLOGO

Uma carta otimista para o futuro

"Nunca tive o direito de ser pessimista. Vi o Brasil passar por imensas crises. A crise atual é apenas mais uma delas. Todas passaram. Vivemos em um país que sempre teve problemas de natureza política, econômica e comportamental, posso até imaginar que a crise provocada pelo coronavírus, vai ajudar esse maravilhoso pais a melhorar, por que não?

Em 1936, quando eu nasci, vivíamos sob uma ditadura. Ela se estendeu até 1945, com o mundo em guerra na Europa. A 2ª Guerra Mundial acabou e a ditadura de Getúlio Vargas também.

Veio a redemocratização de 1946, a eleição de um marechal para a presidência, Eurico Gaspar Dutra, e uma nova constituição. Em 1950, Vargas voltou, se elegeu presidente e, sufocado por mais uma crise política e econômica, cometeu suicídio.

Em 1955, Juscelino Kubitscheck tomou posse e tínhamos a bossa nova na música, fomos campeões mundiais de futebol pela primeira vez, os brasileiros sentiam que estava tudo indo bem, inaugurou-se Brasília, a capital do futuro. Daí chegou o conturbado 1961: o sucessor de Juscelino Kubitschek, Jânio Quadros, renunciou. Mergulhamos em nova crise.

De crise em crise, chegamos aos dias de hoje. Foi assim a nossa história. Uma história de solavancos, com períodos de calmaria. Todas as crises sempre passaram, porque passar está no DNA de todas elas.

Desde 2020, a pandemia parece ter realçado o último desses ciclos de nossa acidentada trajetória histórica. Os percalços sempre existiram e nós sempre fomos uma nação que teimou em andar para a frente.

Eu, que vivi 85 anos até o momento em que lhes digo isso, garanto: tudo passará.

Ao olhar o Brasil de amanhã a partir desses dias sofridos de nossa guerra contra o coronavírus, não vislumbro um país destruído, muito pelo contrário. Há sempre um dia depois do outro, essa é uma verdade implacável para quem tem uma viagem longa como a que tenho tido. Há destruição de valores? Certamente sempre há.

Mas, essa destruição de valores será permanente?

Não! Afirmo que não!

Escrevo agora, abril de 2021, e não tenho o direito de olhar o nosso futuro como uma nação mais pobre, mais aviltada, habitada por um povo mais embrutecido. Definitivamente, não!

Tudo é transitório; o sofrimento é o caminho da glória. Tenham certeza de uma coisa: dias melhores virão. Sempre vieram, disso tenho certeza. Sempre foi assim. Posso ser enfático ao afirmar, eu já vivi tudo isso!

Neste entardecer, e ainda vejo a noite distante, sigo pensando desta forma. Não chegamos ao fundo do poço, como uns e outros teimam em dizer. Sejamos otimistas! O poço da história não tem fundo.

Já que estamos falando do futuro, vale a pena voltar ao meu assunto preferido, a previdência social. Por volta de 2050, amanhã em termos demográficos, o Brasil terá uma maioria absoluta de habitantes com mais de 60 anos. Hoje temos 17% da população com mais de 60 anos e 25% da população formando um grupo com jovens de menos de 20 anos. A balança etária brasileira ainda está mais ou menos equilibrada. Porém, dentro de 30 anos não será mais assim. Entre 35% e 40% dos brasileiros terão mais de 60 anos. Quando essa profecia, que não é profecia, posto ser demograficamente e estatisticamente comprovável, se tornar evidente, estará quebrado o pacto intergeracional brasileiro.

E o que significa esse pacto? O pacto intergeracional?

Explico a todos, porque dedico a vida a isso: a sociedade é composta por três grandes grupos geracionais. O primeiro deles, os jovens que não produzem riqueza. O segundo, a população economicamente ativa que a produz, e o terceiro, os velhos que já não produzem mais riquezas, porém têm necessidade de consumo para sobreviver com dignidade.

Desses três blocos, neste momento, 2021, o maior deles ainda é a população economicamente ativa. Ela paga a conta dos outros dois grupos etários. Esse é o pacto inter-geracional e ele está inexoravelmente condenado.

Nascendo menos crianças e os velhos vivendo cada vez mais, a consequência para o futuro, e não falo de um futuro tão longínquo, será a de que os programas de previdência social não serão os mesmos de hoje. Os valores dos benefícios financiados pela sociedade e pagos através dos instrumentos do estado, serão muito menores e, portanto, a inatividade improdutiva deverá ser sustentada pela nossa capacidade individual de poupar no presente para sustentar o nosso próprio futuro.

Vivi um tempo em que, em média, uma mulher brasileira tinha seis filhos. Isso ocorria até os anos 1960. Agora são 1,6 filho, em média, por mulher. Talvez menos um pouco. Ainda raciocinando em termos econômicos, é importante considerar que se leva em média 21 anos para que um jovem se converta em mão de obra produtiva para si e para a sociedade. É fundamental perceber que todas as consequências desse processo já estão por aí, estão entre nós. Essas conclusões não são futurologia, são estudos demográficos comprovados.

Considerando que o ser humano será mais longevo e que, portanto, precisará financiar a sua inatividade improdutiva por mais tempo, até que idade um indivíduo terá que continuar trabalhando? Minha resposta é simples: até que conserve hígida sua capacidade de autonomia física e mental. Pessoalmente, tenho certeza disso. E isso talvez explique a minha própria longevidade produtiva.

Essa será a grande modificação da estrutura social do mundo nos próximos dez, 20, 30 anos, acompanhada das consequências do sequenciamento do genoma humano, da inteligência artificial e de todo o processo de digitalização em curso. Creiam, já estamos vivendo tudo isso.

O mundo não parou para esperar a pandemia, para o coronavírus passar. Eu não parei. Na MAG Seguros, nós não paramos. Ninguém parou, pelo contrário.

As coisas já estavam acontecendo e, de casa, foi possível perceber. Tudo estava acontecendo numa velocidade digital. O mundo tinha preguiça de utilizar essas ferramentas digitais que já estavam à nossa disposição. Eu mesmo não as utilizava.

Antes da pandemia, posso dizer sem errar: nunca havia feito uma reunião usando o Zoom, Teams ou a plataforma Google Meet. E todo o instrumental para fazê-las já estava disponível.

Veio a pandemia e mudou o mundo, hábitos modificaram-se. Antes dela, eu brincava de ameaçar a Sara dizendo que se ela pegasse muito no meu pé, eu passaria a almoçar todos os dias em casa. Era o tipo de rotina que jamais havia cultivado em 62 anos de casado. Faz mais de um ano que almoço todos os dias em casa!

Escrevo essas linhas depois de todo esse tempo em reclusão, em razão da pandemia. E garanto a todos que puderem me ler: tenho conseguido continuar produtivo, mesmo tendo mudado tão radicalmente a própria rotina. Nunca havia conseguido desenvolver certas habilidades que nem sabia que tinha, como o fiz entre 2020 e 2021.

O mundo mudou neste ano pandêmico. Mas, arriscando-me a ser politicamente incorreto, porque alguns poderão não compreender o que falo, asseguro: neste ano o mundo também mudou para incorporar coisas boas ao dia a dia das pessoas.

Somos mais produtivos, mais eficazes. Claro que é doloroso tudo o que passamos, tudo o que está acontecendo.

No ano de 2019 morreram no Brasil pouco mais de 1,3 milhão de pessoas, uma média de mais ou menos 3.600 mortes por dia. Tomando como base apenas um dia qualquer, dia 11 de março de 2021, por exemplo, morreram no Brasil cerca de 2.400 pessoas de Covid-19. Admitindo-se que 20% desses mortos por Covid já estariam escaladas pelo destino para morrer, independente do contágio por coronavírus, ficamos, em números redondos, com 2 mil pessoas mortas por causa exclusivamente do Covid. São, portanto, 2 mil mortes a mais sobre os 3.600 que, estatisticamente, morreriam. É claro que é uma tragédia!

E, por isso, é absolutamente verdade que já faltam leitos de UTI, faltará oxigênio nos hospitais, faltarão médicos para tratar de tantos doentes na linha de frente dessa guerra.

A pandemia é dramática, é algo inimaginável e desumano. Porém, preciso ser otimista: ela também nos ensinou muito. Ela nos mostrou caminhos para que nos tornássemos mais eficientes e usássemos nosso tempo a nosso favor e a favor da humanidade.

Sou viciado em otimismo. Temos de abraçar essas chances extraordinárias que a trajetória humana nos oferece de também avançar em meio a momentos que parecem ser pontos de inflexão da história.

Precisamos estar sempre prontos para o dia depois da tragédia, porque ele sempre vem.

Nunca quis ser vidente. Todas as previsões que fiz em minha vida, ao olhar o futuro, basearam-se em fatos observados ou ensaiados a partir do cotidiano das pessoas. Não é diferente agora, na pandemia.

A sociedade aprendeu a trabalhar dentro de casa. As pessoas passaram a compreender seus lares, também, como locais produtivos em suas vidas. Isso terá um imenso significado social e econômico daqui para a frente.

O centro de nossas vidas é a nossa casa, é a nossa família. A pandemia nos lembrou disso. Compreender esse recado significa aprender a cuidar de nossos afetos sem temer estar distantes do mundo do trabalho e da produtividade.

Esta não é uma novidade para a humanidade. Nossos antepassados já pensavam assim. O centro de suas vidas eram suas casas. Em dado momento perdemos isso, mas essa centralidade regressou.

O centro da comuna, do núcleo familiar, voltou a ser a casa de cada um. Não é mais o bar, o restaurante, o avião, as viagens e o escritório. Isso terá um significado social, comportamental e econômico que marcará as próximas gerações. É irreversível.

Insisto: sou um otimista com o futuro de curto, médio e longo prazo. Não sou catastrofista, não tenho esse direito.

Estou a celebrar meus 85 anos e, se tudo der certo, se eu estiver no fim da fila, da minha tribo de idade considerada, usando as estatísticas a meu favor, e se ainda estiver bem de saúde e, principalmente, se estiver bem comigo mesmo, como penso que estarei, tenho ainda uma boa década de vida plena e útil pela frente. Quero aproveitar muito bem esse tempo glorioso que me resta.

E o que esse ano de pandemia me fez?

Ele me concedeu tempo para pensar em meus próprios projetos, para revisitar meus planos e objetivos. Com esse tempo, consegui me reencontrar com a minha própria vida e restaurei o eixo dela.

Seguirei aproveitando-a da forma como puder — trabalho, família, Sara, bisnetos, netos, filhos, amigos e por que não negócios? Muitos negócios. Farei tudo o que puder para acelerar ideias novas, diferentes e projetos inovadores.

Quero poder empurrar as pessoas no rumo de suas realizações pessoais, para que consolidem seus sonhos, para que produzam coisas novas e que tragam felicidade para todo mundo. Isso também trará felicidade para mim e uma coisa que sempre quis, e continuo querendo, é ser feliz.

Descobri que ter essa capacidade de realizar me concilia com a velhice e me faz sentir que o tempo não passou — os sonhos é que se realizaram.

Envelheci com autonomia, com clareza e domínio sobre as minhas ideias. Isso me orgulha. Chego até aqui ainda sonhando e tentando realizar sonhos — isso é um privilégio.

Seguirei assim, olhando à frente.

Isso me torna alguém que não se resigna à velhice.

Sonho, logo vivo.

NILTON MOLINA

São Paulo, 23 de abril de 2021, dia do meu aniversário e dia do meu padroeiro, São Jorge.
Salve Jorge!

Uma vida em fatos e fotos

1890

Rosa Giardino Diniz e Julio Diniz, pais de Fantina Molina, avós maternos de Nilton Molina.

1905

No dia 5 de dezembro, nasce em São Paulo, capital, Alonso Molina, pai de Nilton, filho de Francisco Molina e Ignez Fidalgo Molina, ambos da cidade de Vigo, província de Pontevedra, Espanha. Reza a lenda que o pai de Alonso era um simples músico da banca musical dos soldados da sua cidade, e a mãe pertencia a uma família nobre e abastada e, por amor, fugiram para o Brasil.

1912

No dia 16 de outubro, nasce em São Paulo, capital, Fantina Giardino Diniz (foto), mãe de Nilton, filha de Júlio Diniz e Rosa Giardino Diniz, ele filho de portugueses, ela de italianos. Fantina recebe este nome em homenagem à personagem 'Fantine' do célebre romance *Os Miseráveis*, de Victor Hugo.

Alonso Molina, pai de Nilton, em 1970, aos 65 anos.

1930 No dia 13 de junho, Alonso e Fantina casam-se na tradicional e antiga Igreja de Santo Antônio, situada na rua do Carmo, Sé, centro da cidade de São Paulo.

1933 No dia 2 de novembro, nasce em São Paulo, capital, Neide, irmã mais velha de Nilton Molina.

1936

No dia 23 de abril, nasce em São Paulo, capital, Nilton Molina. O parto foi realizado na casa da rua Barra Funda, 63, onde a família residia com a avó Rosa e o tio Vicente Diniz. Por razão desconhecida, o nascimento somente foi registrado no feriado de 1º de maio, com data de 30 de abril.

1937 - 1938

No dia 10 de setembro de 1937, nasce em São Paulo, Sara Kratka, filha de Hermann Hersh Kratka, natural da República Argentina, e Isaura Azevedo, brasileira. São seus avós paternos, Soll Kratka e Rachel Kratka, poloneses, e avós maternos, Antonio Azevedo e Anna Azevedo, ambos portugueses.

Nilton a sua irmã Neide fantasiados de pierrô e colombina, no carnaval de 1938.

O vendedor de futuros

205

1939

Alonso Molina constrói a primeira casa própria, na rua Lopes Chaves, 34, no bairro da Água Branca, uma pequena rua a 100 metros da praça Cornelia, na rua Clélia. Tempos depois, venderia esta casa e construiria a segunda e a terceira na rua Três Pontes, travessa da rua Clélia, ainda no bairro de Água Branca.

Alonso Molina com Nilton e Neide, num típico passeio de domingo pela manhã no Viaduto do Chá, na capital de São Paulo.

Nilton aos três anos de idade, em frente à primeira casa construída pelo pai, ainda inacabada.

1941

Nilton, Neide e a avó materna Rosa Diniz.

(FOTO ABAIXO)
A tia Maria, Fantina e a avó Rosa, com Nilton e Neide na casa da rua Lopes Chaves.

1943

Em março deste ano, Nilton Molina inicia a instrução primária na Escola Conselheiro Antônio Prado, na rua Vitorino Camilo, 621, bairro da Barra Funda, e a conclui na Escola Experimental Dr. Edmundo de Carvalho, na rua Tibério, 144, Água Branca, São Paulo, capital. Nas fotos, a primeira comunhão da irmã Neide. E a primeira comunhão de Nilton, em 1946.

No dia 24 de maio, nasce Maria Cecília, sua irmã mais nova, em São Paulo, capital.

1950

Falece Maria Diniz Zacharias, aos 41 anos, doente do coração, irmã mais velha de Fantina, mãe de Nilton.

1951

Conhece Sara, seu primeiro e definitivo amor, filha natural de Isaura e Hermann Kratka, na porta da loja de seu padrasto Hélio D'Ângelo, na rua Clélia.

No mesmo ano deixou o emprego de servente no Ambulatório do IAPC e foi trabalhar na seção de contas a pagar da Quimbrasil, do Moinho Santista, segundo e último emprego de carteira assinada que teve na vida.

Na foto, Nilton aos 15 anos num time de várzea: amigos que ficaram pelo caminho, mas dos quais guarda suaves recordações.

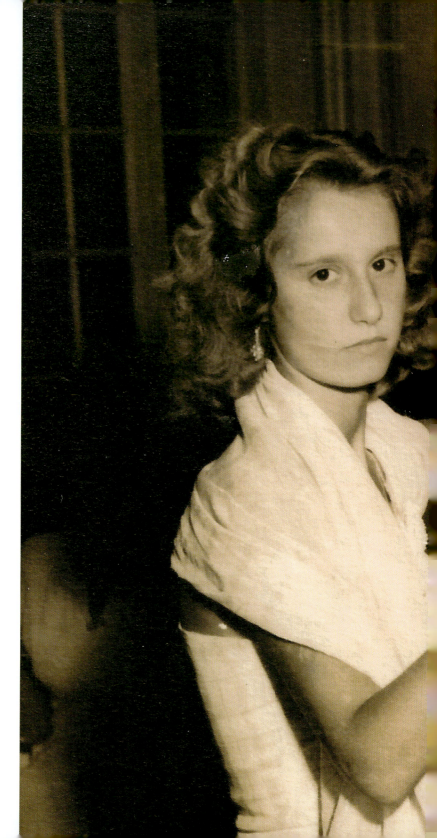

Luís Costa Pinto

210

1952

O namoro com Sara começa a ganhar força. Frequentam os mesmos lugares, sempre juntos: o Cinema Nacional, a Sociedade Esportiva Palmeiras, a praça Cornélia, a Igreja de São João Maria Vianney, o Clube de Danças União Fraterna de Bailes, o Parque de Exposições da Água Branca. Nos sete anos que se seguiram, viam-se todos os dias, já que estudavam juntos no colégio Campos Salles, na Lapa. Era o destino apontando para o futuro do casal.

Nilton Molina e Sara: um companheirismo que vai atravessar mais de sete décadas. Na sequência de fotos, eles em bailes nos anos de 1950, 1956, 2009 e 2011 (sem nada ensaiar, sempre na mesma posição), na comemoração dos 80 anos dele em 2016 e dos 85 em 2021.

1953

Começa a carreira de vendedor e em seguida vai trabalhar para as Cestas de Natal do Lar. O escritório funcionava na rua Conselheiro Crispiniano, centro, São Paulo. Em pouco tempo, antes dos 18 anos, chegou a gerente de vendas.

No final desse ano Molina e Sara terminaram o Ginasial.

Sara, antes de completar 16 anos, começa a trabalhar. Seu primeiro emprego foi como auxiliar de escritório nos armazéns da empresa Wilson Sons, no bairro do Brás, em São Paulo, onde permaneceu por mais ou menos um ano. Em seguida, assumiu o cargo de secretária na revista *Visão*, na rua Sete de Abril, no centro de São Paulo, onde ficou por dois anos. Seu terceiro e último emprego, no qual permaneceu até o casamento, foi como secretária da diretoria da Kartro S.A., uma empresa de materiais de escritório.

1956

2016

Sessenta e quatro anos depois da primeira foto, sempre a mesma posição.

1954

No dia 27 de fevereiro, Neide, a irmã mais velha de Nilton, casa-se com Nelson Villani na Igreja de Nossa Senhora de Fátima, em São Paulo, capital.

Ao completar 18 anos, Nilton funda a empresa Molina & Rodrigues Ltda., com sede na rua XV de Novembro, centro de São Paulo. A empresa, representante de vendas do suplemento alimentar Mocotogenol feito à base de mocotó de boi, não foi bem, ficou devendo dinheiro.

Para quitar os compromissos, Nilton pede um empréstimo a Alonso Molina, que havia vendido a casa da rua Três Pontes e comprado uma nova na avenida Pompeia.

Em 29 de novembro, nascimento da sua primeira sobrinha, Agnês Villani.

Nilton aos 18 anos, com Sara.

1955

Nilton passa a vender de tudo um pouco: terrenos para a Companhia Piratininga, seguros individuais para o IPASE, livros para a Enciclopédia Delta Larousse e cestas de Natal.

Morre a avó materna, Rosa Giardino Diniz, em 29 de março.

Quita integralmente a dívida com o pai.

Agnês entre seu irmão Wagner e sua mãe Neide Molina Villani.

O vendedor de futuros

219

1956

Nilton Molina conclui o Curso Técnico de Contabilidade no Colégio Campos Salles.

Aceita o convite do húngaro Lajos Bujas para assumir a função administrativa do restaurante Europa, situado na rua Dona Veridiana, bairro de Perdizes, São Paulo.

Funda com o proprietário uma entidade, a Associação Brasileira Anticomunista, que acaba tempos depois.

Nascimento de Wagner, filho de Neide. Sara, ainda noiva de Nilton, assiste o parto natural.

Nilton e Sara terminam seus cursos. Molina, técnico em contabilidade e Sara, professora primária.

1957

Nilton volta à trajetória de vendedor
e aceita o cargo de gerente de vendas
das Cestas de Natal Júnior, cuja matriz
ficava em Rio Claro, no interior de São
Paulo, e a filial onde trabalhava na Praça
da Sé, capital. O negócio não vai bem
e Nilton Molina resolve sair recebendo
como pagamento pelos serviços
prestados, na falta de dinheiro, uma
scooter italiana Lambreta, uma máquina
de lavar roupas Ilanca, também italiana,
e uma geladeira Clímax.

———

Troca a *scooter* por móveis de quarto e os
guarda, junto com a geladeira e a máquina
de lavar, para o casamento com Sara.

1958

Neste ano, Nilton migra para a área de publicidade ao aceitar o convite do Sr. Braga para trabalhar na Maria Salles Propaganda, agência que tinha seu principal negócio na cessão de carta patente para promoções com sorteio de prêmios. Ficava na rua Conselheiro Crispiniano, 77, no centro de São Paulo.

1959

No dia 4 de abril, Nilton casa-se com Sara, depois de sete anos de namoro e noivado, na Paróquia do Coração Imaculado de Maria – Capela da Pontifícia Universidade Católica, PUC, na rua Monte Alegre, bairro de Perdizes, São Paulo. Tudo como os noivos queriam, menos o fotógrafo, que perdeu todas as fotos, exceto duas.

Sara e a pose clássica de noiva e o casal com os padrinhos Neide e Nelson, irmã e cunhado, e Osvaldo e Laire, tios de Sara.

A lua de mel começou em Poços de Caldas, Minas Gerais, onde o casal se hospedou no Hotel D'Oeste, uma pousada muito simples, destinada aos viajantes. Funciona até hoje no mesmo lugar, na praça Pedro Sanches, 115. Terminou em São Vicente, litoral paulista, onde acredita que o primogênito foi gerado.

Recém-casados, Nilton e Sara foram morar no mesmo edifício onde residiam os sogros, na rua Caraíbas, Vila Pompeia.

O vendedor de futuros

225

Lua de mel em Poços de Caldas. Jantaram no Palace Hotel, com amigos que, por coincidência, estavam lá: Milton e Laís.

1960

No dia 18 de janeiro, a exatos nove meses depois da lua de mel, nasce, de parto normal, o primeiro filho, Helder Molina, no pequeno Hospital São Marcos, na rua Novo Mundo,18, no bairro de Vila Pompeia.

———

Molina resolve voltar a estudar.

———

Sara prepara plano de estudos para o vestibular da ESAN – Escola Superior de Administração de Negócios, que funcionava na rua Vergueiro, no edifício da FEI – Faculdade de Engenharia Industrial. Nilton passa no vestibular, faz um bom primeiro ano e, no ano seguinte, tranca a matrícula e não volta mais na escola, a não ser para palestrar anos depois.

———

O empresário Eron Alves de Oliveira, dono de uma loja denominada Eron Tecidos, procura a agência Maria Salles para uma promoção de aniversário de seu negócio. A promoção acaba se transformando em plano de *marketing* desenvolvido por Nilton para impulsionar o negócio.

1961

No início de 1961, na festa de lançamento do Erontex da Sorte. Nilton com 25 anos, Sara com 23 e Helder com um ano.

Com a comissão de um único mês (outubro), compra à vista um sobrado na avenida Adolfo Pinheiro, São Paulo e, dois meses mais tarde, um Karmann Guia e um Simca Chambord. O casal passa a ter dois carros da moda na garagem, sem ainda ter tirado a carteira de motorista.

Conhece Fernando Rodrigues Mota, parceiro profissional, amigo e irmão para a vida inteira.

1962 Aos 26 anos de idade, Nilton já era um executivo muito bem-sucedido.

Em outubro, Eron Alves de Oliveira modifica o acordo de remuneração estabelecido em 1961 e quebra a relação de confiança. Apesar dos pesares, Nilton permanece na Erontex até julho de 1966.

No dia 1º de dezembro nasce a filha Monica Molina, também de parto normal e no mesmo hospital do irmão Helder.

Molina e Sara mudam-se para a casa própria na avenida Adolpho Pinheiro, em Santo Amaro.

1963 Em janeiro inaugura no Condomínio Cibratel sua casa de praia, em Itanhaém, litoral sul de São Paulo.

1964 Mesmo tendo perdido a confiança no dono da Eron, Nilton lança, em 1964, o Carnê Duplo Erontex, mais um sucesso de vendas.

Tendo sido assaltada a casa na avenida Adolfo Pinheiro, Molina vende esse sobrado e se muda para apartamento alugado na rua Conselheiro

1965

Helder, 5 e Monica, 2, num show de entrega de prêmios da Erontex.

Nilton e Sara no aniversário de 29 anos dele.

1966

Erontex entrega prêmios – entre eles um Simca Chambord – no estádio do Pacaembu, em São Paulo. À direita, o filho Helder.

Despedida de Nilton da Erontex, numa churrascaria. Juraci, irmã de Eron, entrega uma lembrança para Sara.

Luís Costa Pinto

No almoço de despedida de Nilton da Erontex, Eron faz a homenagem. Todos os mais de 50 gestores presentes não sabiam o motivo da confraternização, e Nilton estava saindo da empresa. No canto direito, Fernando Mota, o grande parceiro e sócio de toda a vida.

O vendedor de futuros

235

1967

Por intermédio de Renato Guedes, conhece Aldo Augusto de Souza Lima, proprietário da Sólida Corretora de Seguros.

Cria com Aldo a Augustus Promoções e Vendas Ltda., em 25 de agosto, na garagem de um prédio, na rua Marquês de Paranaguá.

Com Fernando Mota e Aldo Augusto de Souza Lima, seu sócio na Augustus de 1967 a 1971, em foto de 1969.

Começa a comercializar os planos de pecúlio do GBOEX, chegando a vender 40 mil planos por mês. Foi sua porta de entrada no mercado de seguros e previdência privada.

Nilton descobre o Montepio Geral de Economia dos Servidores do Estado, Mongeral, então com 134 anos de atividade, uma raridade no Brasil.

No dia 1º de fevereiro, através da Augustus, conquista a conta da entidade e assina o contrato para representá-la em todo o Brasil.

Estabelece um plano de vendas ousado e dá início a um *case* de sucesso memorável.

Pouco antes da Copa do Mundo de 1970, Molina assinou um grande contrato com Pelé. O governo não autorizou o negócio, mas Pelé, depois da Copa, elegantemente devolveu o dinheiro, equivalente hoje a R$ 1 milhão.

1970

David (à esquerda), corretor da Augustus,
Nilton e Fernando Mota, em reunião de
vendas da GBOEX, MGESE (Mongeral) e
MFC (Montepio da Família Cristã).

O vendedor de futuros

1971

Vendendo o plano do Montepio da Família Cristã no púlpito da igreja, em Curitiba. Mesmo assim, o plano não deu certo.

No início deste ano, em parceria com a CENEC, Campanha Nacional das Escolas da Comunidade, e o rei Pelé, Nilton planeja lançar o Carnê Pelé da Educação. No entanto, o ministro da Fazenda, Delfim Neto, não aprova a ideia.

Nilton e Sara, Lourdes e Fernando, em um encontro de negócios. Todos muito jovens e já juntos na Augustus.

1972

Nilton, Sara, Lourdes e Fernando Mota, num encontro entre amigos. Nilton com 47 anos e já perdendo os cabelos.

Todos os gestores da Augustus durante um seminário da companhia.

Luís Costa Pinto

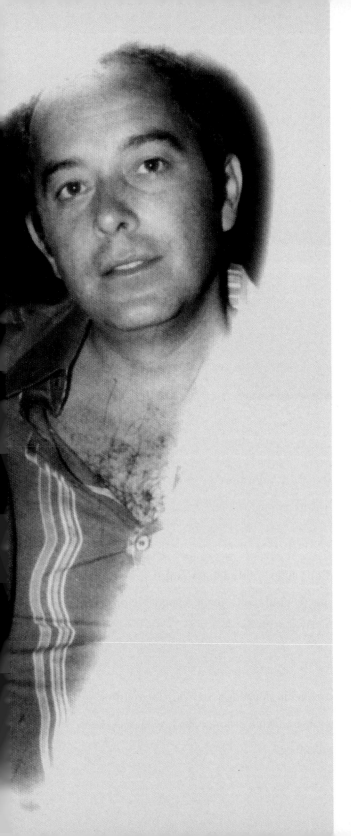

1973

Nilton e Sara, uma foto de amor, perdida no álbum da vida.

Fernando Mota e Renato Guedes tornam-se sócios da Augustus.

Em maio, cria a Augustus Corretora de Seguros com Fernando Mota e Renato Guedes como sócios.

Também em maio, é fundada a empresa Augustus Representações Ltda., destinada à venda de produtos de limpeza Henkel do Brasil.

Sai do apartamento alugado na rua Conselheiro Brotero e compra um apartamento maior na rua José Maria Lisboa, no Jardim Paulista.

Já depois da morte de Aldo, toda a diretoria das empresas Augustus: Nilton, Fernando, Antonio (irmão de Fernando), Renato Guedes, Paulo Castro e Mituo Odaira.

1974

No dia 9 de dezembro falece de acidente vascular cerebral, no Hospital São Camilo no bairro Pompeia, em São Paulo, Fantina Diniz Molina, mãe de Nilton.

Nilton apresenta ao ministro Luiz Gonzaga do Nascimento e Silva um projeto de reforma da previdência social muito à frente do seu tempo.

Inspirado no pugilista campeão mundial na categoria Peso Galo, Éder Jofre, e no religioso Dom Helder Câmara, Molina cria um dos principais prêmios do mercado de seguros e previdência, o Galo de Ouro, que em 2021 festejou sua quadragésima sexta edição de forma ininterrupta.

Molina vende para Fernando Mota sua casa em Cibratel, na praia de Itanhaém, construindo outra casa no Morro do Costão, localizada entre a praia das Conchas e a praia do Sonho, também em Itanhaém.

1976

Constituída a empresa Augustus Agro e Reflorestamento Ltda.

Adquire uma fazenda de 2 mil hectares em Itanhaém, na Baixada Santista, onde tem início um projeto de cultura de cacau em 1977. Em quatro anos, a plantação chegou a 800 mil árvores. Os resultados não foram satisfatórios. O cacaual, anos depois, foi erradicado.

A plantação de bananeiras já existente é ampliada.

Instalada uma fábrica de desidratação de frutas.

Constituída a empresa Monsa Agropecuária e Urbanização Ltda. em parceria com a Copric, empresa do seu amigo Eduardo Monteiro da Silva, para desenvolverem uma fazenda em Tapiraí, com cerca de 6 mil hectares.

1977
Com Sara no baile de Carnaval do Yatch Clube de Itanhaém.

É constituída a Apec Associação de Previdência no dia 7 de junho. Seu objetivo era angariar associados para inclusão na apólice de seguros de vida de sua estipulação.

Nilton Molina participa ativamente nos Simpósios Nacionais de Previdência e participa nas áreas afins do governo Geisel, principalmente no Ministério da Fazenda de Mario Henrique Simonsen para a regulamentação do setor.

É aprovada em 15 de julho a Lei 6.437, que regula as atividades da previdência privada no Brasil.

No dia 18 de agosto, aos 72 anos, morre o pai de Nilton, Alonso Molina, também no Hospital São Camilo, de complicações depois de uma operação de vesícula.

Molina compra um apartamento onde até hoje reside, na rua Professor Artur Ramos, Jardim Paulistano, e vende para Fernando Mota o apartamento da rua José Maria Lisboa, e Fernando vende o seu apartamento na rua Bela Cintra para Renato e Hilda.

1978

As matriarcas da família de Sara: Ana, a avó; Isaura, a mãe; ela e a filha Monica. A neta Natasha nasceria em 1991.

Com Sara, os netos Nilton e Natascha e Antônio Carlos de Almeida Braga, em um evento.

É adquirida participação societária de 25% da Mauá Cia. de Seguros, controlada pela Atlântica-Boavista, comandada pelo empresário Antônio Carlos de Almeida Braga, que Nilton conhecera em 1969 por intermédio de Mário Petrelli.

———

No dia 1º de outubro, a Augustus Corretora de Seguros Ltda. é transformada em sociedade anônima.

———

A Apec Corretora de Seguros Ltda., passa a ter a denominação de Pessoal Corretora de Seguros Ltda.

1979

No mês de janeiro, a Augustus Promoções e Vendas Ltda.
é transformada em sociedade anônima, com o nome de
Augustus Corretora de Previdência Privada S.A.

No dia 31 de maio é constituída a Augustus Administração e
Participações S.A., em cisão parcial da Augustus Corretora de
Previdência Privada S.A.

Em julho, a família Molina muda-se para a rua Professor Artur Ramos,
Jardim Paulistano, depois de quase dois anos reformando o apartamento.

Em novembro encerra-se o contrato com o Mongeral,
quando da intervenção na entidade pela Superintendência
de Seguros Privados, SUSEP.

Com Renato Guedes e Fernando Mota, Nilton cria a APEC, Associação
de Poupança e Educação, para ser uma apólice aberta de seguro de vida.

Início das negociações para a criação da
empresa Vida Previdência Privada.

O vendedor de futuros

1980

Nilton Molina estrutura a empresa Vida Previdência Privada, com 20% de participação da Augustus, 40% da Atlântica-Boavista e 40% da Sul América. A Vida tinha sede na avenida Paulista, 2319, São Paulo, hoje Bradesco Vida e Previdência.

Reunião interna de lançamento da Bradesco Previdência em 1980. Molina, Antonio Beltrão Martinez (vice-presidente do banco) Lázaro de Melo Brandão (presidente) e Alcides Tápias (vice-presidente).

Molina conhece o americano Daniel Keith Ludwig, com 83 anos, em palestra sobre o Projeto Jari. Este encontro muda o seu pensamento sobre longevidade e a criação de projetos de longo prazo por pessoas já idosas.

Nilton Molina e Almeida Braga convencem o fundador do Bradesco, Amador Aguiar, a entrar no negócio e, assim, a Vida Previdência cede lugar à Bradesco Previdência Privada. Nilton é o principal executivo, e um dos acionistas da nova companhia.

1981

As empresas Apec Promoções e Vendas Ltda. foram encerradas em fevereiro, quando a carteira de associados-participantes foi transferida para a Atlântica-Boavista Cia. de Seguros.

Nilton Molina já como executivo da Bradesco Previdência Privada S.A., vai gerir o negócio na Cidade de Deus e leva mais de 400 funcionários da Augustus que são incorporados pela nova companhia.

Em 6 de janeiro, Molina subscreve a proposta número 00001 da Bradesco Previdência. Esse foi o primeiro negócio da companhia. Molina mantém essa apólice até os dias de hoje.

Primeira proposta subscrita por Molina para a Bradesco Previdência.

1982

No dia 29 de outubro, a Augustus Corretora de Seguros S.A. foi incorporada pela Augustus Administração e Participações S.A.

Em dezembro, Nilton Molina deixa de ser executivo e acionista do Bradesco, vende sua participação e se vê novamente livre para continuar empreendendo. Mesmo assim, continua como membro do Conselho de Administração da Bradesco Previdência até o final de 1991.

Reunidos no pátio da Cidade de Deus, sede do Bradesco em Osasco, ganhadores do primeiro troféu Locomotiva, recebidos por gestores da Bradesco Previdência e por Amador Aguiar, presidente do Conselho de Administração, Lázaro de Melo Brandão, presidente executivo e outros diretores do banco. Nilton Molina recepcionou o grupo.

O vendedor de futuros

1983

Cruzeiro no Caribe. Nilton e Sara com Terezinha Godoy e Walter Godoy, grandes amigos, já falecidos. Nilton com 49 anos e perdendo mais cabelos.

1983 Em janeiro, Nilton Molina e Fernando Mota assumem o controle da Mombras Sociedade Beneficente de Previdência Privada.

Casamento do filho Helder com Heloisa de Toledo Piza Pieroni, no dia 29 de novembro, na igreja Nossa Senhora de Fátima.

Colaborou com Mário Petrelli na criação da Bradesco Saúde, que comprou a carteira de segurados individuais da Golden Cross.

1984 Nilton e Sara completam 25 anos de casados, Bodas de Prata, com uma grande festa na boate Gallery.

Colaborou com Mário Petrelli no planejamento e na criação da Bradesco Capitalização. Para dinamizar o processo, compraram a carta patente da Residência Capitalização. Novo lançamento de sucesso.

1985

Nilton Molina é nomeado pelo presidente Sarney para o Conselho Nacional de Seguros Privados, CNSP, do Ministério da Economia, posição que ocupou até 1989.

Molina consegue incluir na lei que criou o plano Cruzado, uma cláusula que permitiu transformar entidades de previdência sem fins lucrativos em seguradoras.

Em 30 de julho, Monica se casa com Carlos Augusto Falletti, na igreja de São José, em São Paulo.

Início das vendas, nos balcões do Bradesco, dos títulos de capitalização com sorteio da Bradesco Capitalização. Nilton colaborou ativamente para o sucesso da iniciativa.

1986

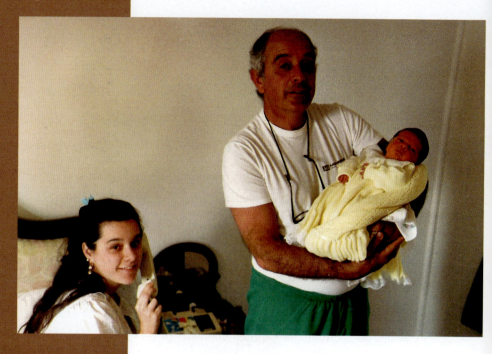

Nasce, em 25 de novembro de 1986, o primeiro neto, Ricardo, filho de Monica. Nilton para de fumar.

1987 A Mombras Sociedade Beneficente de Previdência Privada é transformada em sociedade anônima com a denominação de Mombras Previdência Privada S.A, sob o controle de Molina com o sócio Fernando Mota.

No primeiro dia do mês de julho, Neide, a irmã mais velha de Nilton, desaparece misteriosamente em Itanhaém.

1988 A Mombras Previdência Privada S.A. é transformada em seguradora, e a nova denominação social passou a ser Mombras Seguradora S.A.

1989

Nilton Molina, já desligado do Bradesco, mas ainda no Conselho de Administração da Bradesco Previdência, faz um evento do Troféu Locomotiva, criado por ele, na Espanha.

1990

Dois momentos com Fernando Mota: na casa dele, em 1990 e em Macau, China, em 2006.

Molina é nomeado, pelo presidente da República, membro do Conselho Nacional de Seguridade Social do Ministério da Previdência e Assistência Social, permanecendo até 1994.

1991

Em 23 de junho deste mesmo ano, nasce a primeira neta de Nilton e Sara. A filha de Helder e Heloisa, recebe o nome de Natascha.

Nilton Molina associa-se à família de Antônio Carlos de Almeida Braga para formar a Icatu Seguros S.A. Com esse propósito, transfere para a nova empresa a capacidade operacional da Mombras e sua carteira de segurados. Assume a presidência do Conselho de Administração e a presidência executiva da companhia.

A Augustus Administração e Participações S.A. subscreve 30% do capital da Icatu Seguros S.A.

No final do ano Molina deixa de pertencer ao Conselho de Administração da empresa que ajudou a criar, a Bradesco Previdência S.A.

Com Mário Petrelli e João Elísio, presidente da Federação Nacional de Seguros – Fenaseg.

1992

Neste ano, Nilton ingressa como membro da diretoria da Fenaseg – Federação Nacional de Seguros –, junto com João Elísio Ferraz de Campos e Mário Petrelli, amigos da vida toda. Atualmente é membro do conselho diretor da CNseg – Confederação Nacional das Seguradoras. Portanto, colaborando há mais de 28 anos na diretoria da entidade representativa da indústria de seguros.

1993

Criação da empresa Cobrac – Companhia Brasileira de Capitalização. Logo depois, a denominação é alterada para Icatu Capitalização S.A. Molina tem uma participação de 30% na empresa.

1994 Neste ano, Nilton Molina lança a Icatu Capitalização e, em pouco tempo, fecha mais de vinte parcerias entre os bancos estaduais e os bancos privados de menor porte.

Molina leva a Icatu Seguros à posição de controladora do Mongeral, naquela época uma entidade de previdência privada sem fins lucrativos, assumindo a presidência executiva da entidade, tudo isso numa AGE (Assembleia Geral Extraordinária) realizada em 13 de julho.

No dia 10 de agosto, são encerradas as atividades das empresas Augustus Agropecuária e Reflorestamento Ltda. e Augustus Mineração Ltda. Ambas são incorporadas pela Augustus Administração e Participações S.A.

No processo em que a Icatu assume o controle do Mongeral, a SUSEP aprova uma reunião extraordinária do conselho deliberativo da entidade, realizada em 5 de dezembro, para a indicação dos novos conselheiros. São eles: presidente Nilton Molina, vice-presidente Antônio Carlos Dantas Mattos, conselheiros: Marcos Pessoa de Queiroz Galvão, Ricardo Coelho Taboaço, Luís Patrício de Miranda Avillez, Pedro Luiz Bodin de Moraes, Nelson Moreira Assad, Alarico Silveira Neto, Fernando Rodrigues Mota, Helder Molina e Carlos Alberto de Figueiredo Trindade Filho. E da diretoria executiva: Nilton Molina – diretor presidente, Fernando Rodrigues Mota – diretor vice-presidente, e diretores: Isauro Ferreira Cardoso e Olavo Gentil Afonso.

1995 Com Sara e os netos, nas cataratas em Foz do Iguaçu

Luís Costa Pinto

A pedido de André Richer, presidente do Comitê Olímpico Brasileiro, Nilton cria o Telebingo Olimpíadas 1996, uma promoção com sorteio de automóveis pela televisão para levantar fundos e financiar a delegação brasileira em Atlanta, USA. Foi um dos maiores desastres da história de empreendedorismo de Molina, deixando um prejuízo de cerca de 20 milhões de dólares.

No dia 2 de setembro, nasce o quinto e último neto de Molina. Marcelo é o terceiro filho de Helder e Heloisa.

Nilton Molina comanda, junto com Mário Petrelli, a criação da Brasilcap, empresa de capitalização que tem as participações do Banco do Brasil, Icatu seguros, Sul América Capitalização e Aliança Bahia.

Ainda em 1995, Zico, o "galinho de ouro", foi desde o início participante do Telebingo Olimpíada 1996.

1996

Mudança da matriz da Icatu Seguros para o Rio de Janeiro.

Sem falar inglês fluentemente, porém muito ajudado pelos companheiros Carlos Alberto Trindade e Andrea Levy, Nilton negocia e promove a associação da Icatu Seguros com uma das mais importantes companhias do mercado de seguros norte-americano, a Hartford, de Connecticut.

Molina, presidente da Icatu, Kati de Almeida Braga, vice-presidente e Carlos Alberto Trindade, vice-presidente executivo, já na sede da empresa no Rio, no prédio da Academia Brasileira de Letras.

(ao lado) Antonio Carlos de Almeida Braga, o Braguinha, seu filho Luiz Antonio Almeida Braga e Molina, em coquetel de lançamento da Icatu-Hartford.

Por ocasião da entrada da Hartford, a Augustus Administração e Participações S.A. renegociou seu percentual societário na, então, Icatu Hartford Seguros S.A., ficando com 15% do capital, a família de Almeida Braga com 35% e a Hartford Internacional com 50%.

No dia 15 de agosto, em Ata do Conselho Deliberativo da Mongeral Previdência Privada, são eleitos: diretor presidente, Fernando Rodrigues Mota, e diretor vice-presidente, Isauro Ferreira Cardoso.

Comemorando vitórias com Kati de Almeida Braga, grande parceira no desenvolvimento da Icatu.

1998

É eleito membro do Conselho Diretor da LIMRA, Life Insurance Marketing Reserch Association, uma das mais importantes e influentes entidades do mundo, no segmento de pesquisa de mercado de seguros de vida e previdência, com sede em Hartford, nos Estados Unidos. Anos depois, Helder assumiu o mesmo posto.

Desenvolve, novamente com Petrelli, a criação da Federal Cap, outro projeto vencedor, empresa de capitalização em sociedade da Icatu com Sul América e a Caixa Econômica Federal.

1999

Em 19 de agosto, vendeu para Sinaf Previdência Cia de Seguros a Mombras Seguradora S.A.

Por iniciativa do vereador Luiz Carlos Ramos, no dia 30 de dezembro, a Câmara dos Vereadores do Rio de Janeiro concede a Nilton Molina o título de Cidadão Honorário do município do Rio de Janeiro.

Recebendo o título de Cidadão Honorário do município do Rio de Janeiro.

2000

Em 23 de junho, Assembleia Geral Extraordinária da Mongeral Previdência Privada registra a renúncia dos membros do Conselho ligados à gestão da Icatu e nomeia os novos conselheiros ligados à nova gestão sobre o controle de Nilton Molina, Fernando Rodrigues Mota e Helder Molina.

No dia 30 de agosto, a Câmara Municipal do Rio de Janeiro concede a Nilton Molina sua mais alta honraria, a Medalha Pedro Ernesto.

2001

Nilton Molina recebe do Instituto Brasileiro de Executivos de Finanças, IBEF, a mais expressiva honraria, o troféu O Equilibrista.

Recebendo o Troféu O Equilibrista, o Executivo de Finanças do Ano: com Antonio Carlos Almeida Braga (foto 1), com Henrique Brandão (Foto 2).

Com Manoel Póvoas e a família. Póvoas foi um intelectual da Previdência e parceiro de Molina no desenvolvimento da Previdência do Bradesco.

O filho Helder com Helô e os netos Nilton, Natascha e Marcelo numa festa de Ano Novo.

2002 Em 30 de junho, a Mongeral Previdência Privada incorpora a também longeva Coifa Pecúlios e Pensões.

31 de dezembro foi o último dia da gestão de Molina como presidente da Diretoria e do Conselho de Administração das empresas Icatu Hartford, tendo inclusive vendido suas ações, passando a dedicar seu tempo integral ao Conselho de Administração da Mongeral. Passou a presidência da Icatu para o companheiro Marcos Falcão.

Com o grande amigo Antonio Carlos Lobato no jantar de despedida como executivo da Icatu, em dezembro de 2002.

2003 Nilton Molina é eleito vice-presidente e coordenador da Comissão de Seguridade Social da Associação Comercial de São Paulo, com mandato de 2003 a 2016. Essa comissão produziu os trabalhos que deram origem ao projeto dos MEI, Microempreendedores Individuais, sancionado pelo presidente Lula, e que tem hoje mais de 9 milhões de inscritos.

Passou a participar do Grupo Temático da Secretaria Especial do Conselho de Desenvolvimento Econômico e Social da Presidência da República.

2004

Em 16 de janeiro, o Grêmio Recreativo Escola de Samba Estação Primeira de Mangueira confere a Nilton Molina o título de sócio honorário pelos relevantes serviços prestados à escola.

No dia 6 de abril, a Mongeral Previdência Privada transforma-se em sociedade anônima sob a denominação de Mongeral S.A. Seguros e Previdência, conforme a Portaria n° 69 do Ministério da Fazenda.

Em 12 de abril, Helder Molina assume a presidência executiva da Mongeral S.A. Seguros e Previdência. Nilton Molina continua como presidente do Conselho de Administração, e Fernando Rodrigues Mota como vice.

Nessa oportunidade a Augustus Administração e Participações S.A. possuía 79,89% do controle acionário da Mongeral S.A. Seguros e Previdência.

2005

No dia 22 de março, morre o sobrinho de Nilton, Alex Eduardo Sasso, filho de Cecília, irmã mais nova de Molina.

Em 4 de abril, a Mongeral S.A. Seguros e Previdência adquire a carteira de seguros individuais da Icatu Hartford Seguros S/A.

Em sessão solene na Assembleia Legislativa do Estado de São Paulo, ocorrida no dia 28 de agosto, o deputado José Carlos Stangarlini homenageia, na pessoa de Nilton Molina, a Mongeral S.A. Seguros e Previdência pelos seus 170 anos de existência.

Com o neto Nilton Molina Neto, piloto e o pai dele, Helder, em Interlagos, antes da largada da Corrida de Fórmula 3 Sul-americana.

2006

No dia 4 de outubro foi constituída a Unidos – União Nacional dos Aposentados. Embrião do Instituto de Longevidade MAG.

Festa de entrega do último Prêmio Molina, da Icatu, em Buenos Aires. Molina, Mário Petrelli, Fernando Mota, Marcos Falcão (que estava deixando a Icatu) e Maria Silvia Bastos (que estava assumindo a presidência no lugar dele).

2007

Entrega do último Prêmio Molina da Icatu em comemoração em Buenos Aires, na Argentina; presença de Marcos Falcão se despedindo da presidência da companhia e de Maria Silvia Bastos assumindo o posto.

Com Sara, Luís Carlos Trabuco, presidente do Bradesco e Ana, esposa dele (já falecida) num espetáculo do Cirque du Soleil em Las Vegas.

O vendedor de futuros

281

Assinatura do contrato da Mongeral com a seguradora Aegon.

2009

Nilton e Sara completam 50 anos de casados, Bodas de Ouro.

Em 28 de maio, a Mongeral S.A. Seguros e Previdência celebra associação com o grupo segurador holandês Aegon Group, uma das dez maiores seguradoras de vida e previdência do mundo.

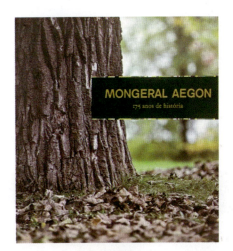

2010

Lançamento do livro que conta a história de 175 anos da Mongeral. Pesquisador e autor do texto, Oswaldo Miranda.

Pescando tucunarés no Rio Negro, Amazonas.

Com Sara, Lourdes e Fernando Mota, na casa deles.

2011

A filha Monica com Augusto Falletti
e os filhos Ricardo e Renato.

2012

É fundada a MAI, Mongeral
Aegon Investimentos, no
dia 4 de junho.

2014

A partir de 21 de julho, conforme a Portaria nº 302 de 18 de julho, Nilton Molina é nomeado membro titular do Conselho Nacional de Previdência Complementar, CNPC, do Ministério da Previdência.

No dia 19 de dezembro, a Unidos – União dos Aposentados é transformada em Instituto de Longevidade Mongeral Aegon, iniciando o projeto de reformulação de seus objetivos. A partir de então, a Mongeral Aegon Seguros e Previdência S.A. passa a ser sua mantenedora.

Com a filha Monica em Punta del Este, Uruguai.

2015

Em 30 de abril, Nilton Molina é eleito para o Conselho de Administração da Qualicorp Administradora de Benefícios, com mandato até 2019.

No dia 11 de novembro, morre num desastre de aviação Marcos Rossi (foto abaixo), que exercia naquela época a presidência dos negócios de seguros do Bradesco. Rossi foi admitido e promovido na Bradesco Previdência por Molina, quando esse era executivo da empresa.

Homenagem do mercado segurador ao ex-governador e ex-ministro da Indústria e Comércio Paulo Egydio Martins.

2016

Em 3 de março, agraciado com o Diploma de Reconhecimento da Fundação Cultural do Exército Brasileiro.

No dia 12 de abril, Nilton Molina expõe nacionalmente uma de suas iniciativas mais significativa. Em evento muito prestigiado, apresenta os projetos do Instituto de Longevidade Mongeral Aegon.

É nomeado membro do Conselho de Administração das seguintes empresas, todas investidas da Associação Comercial de São Paulo: Tempo Serviços de Telecomunicações S.A. em 28 de março, CRDC Central de Registro de Direitos Creditórios S.A. em 16 de junho, Boa Vista Serviços S.A., em 20 de julho.

Participa, como controlador da Mongeral Aegon, da criação de uma seguradora em parceria com o Bancoob, em 28 de abril.

É eleito para o Conselho de Administração da Sicoob Seguradora em 15 de junho.

Em 8 de agosto foi reconduzido, através da Portaria 627, do Ministério da Fazenda, como membro titular do Conselho Nacional de Previdência Complementar.

Falece seu amigo, irmão e sócio, Renato Guedes depois de longa enfermidade, deixando saudades.

Com a família reunida, os dois filhos e os cinco netos na casa da filha Monica, antes da viagem para comemorar os 80 anos.

Toda a família e alguns amigos nas comemorações dos 80 anos

O estudo de aspectos demográficos e previdenciários sempre esteve presente na vida de Nilton Molina. A compreensão em torno do contexto alertou sobre a urgência e necessidade de trazer à tona a discussão mais ampla e profunda a respeito de um tema com impacto para todos: longevidade. Em abril de 2016, o sonho saiu do papel e ganhou forma com o lançamento do Instituto de Longevidade MAG, iniciativa pioneira no Brasil, que tem como missão discutir os impactos sociais e econômicos do aumento da expectativa de vida no país.

Lançamento do Instituto de Longevidade Mongeral Aegon. Com o filho Helder e os representantes norte-americanos e europeus da Aegon.

2017 Em 26 de abril recebe a comenda da Academia Brasileira de Seguros, ANSP.

É empossado como membro do Conselho Deliberativo da Associação Comercial de São Paulo.

Participa da constituição da WinSocial, iniciativa disruptiva da Mongeral Aegon.

2018 Em colaboração com a FIPE, Fundação Instituto de Pesquisas Econômicas da USP, Nilton Molina apresenta nova proposta para a reforma da previdência social ao então candidato Jair Bolsonaro. A iniciativa já havia sido tomada nos governos Fernando Henrique Cardoso, Luiz Inácio Lula da Silva, Dilma Rousseff e Michel Temer.

No dia 4 de outubro é eleito pelo CVG-RJ o Homem de Seguros do Ano. Recebe o prêmio no Museu do Amanhã, no Rio, das mãos de Márcio Coriolano, presidente da CNSEG.

Em novembro palestra no 38º Congresso da Abrapp. Mais de 3 mil pessoas na plateia.

Mais um Galo de Ouro: Monica e Molina homenageiam o presidente executivo da MAG, Helder.

Palestra durante o 38º Congresso da Associação Brasileira de Previdência Privada – ABRAPP.

Recebendo o Troféu "Homem de Seguro do Ano", das mãos de Márcio Coriolano, presidente da Confederação das Companhias de Seguro.

Luís Costa Pinto

294

2019

Em 8 de janeiro nasce o primeiro bisneto do casal Nilton e Sara. O pai, Nilton Molina Neto, a mãe Maria Ilidia Lima Silva Molina, renova a homenagem e o batiza também com o nome do avô.

Em 6 de março é fundada a MAG Pagamentos (MAG Finanças).

Cria no mês de abril o Conselho Consultivo da MAG com os seguintes componentes: Luiz Roberto Cunha (PUC), Hélio Zylberstajn (USP), Gilmar Melo Mendes (FDC), e Paulo Gabriel Godinho Delgado (ex-deputado federal). O presidente do Conselho é Andrea Levy, e o vice, Marco Antonio Gonçalves, um dos mais prestigiados ex-dirigentes das empresas de seguros do Bradesco.

Helder Molina e sua esposa Carolina Vieira.

No dia 3 de julho falece seu sobrinho Luis Carlos Sasso, filho de Cecília.

———————

Em 29 de outubro, Helder assina seu compromisso de casamento com Carolina Vieira.

———————

Comemorações do décimo aniversário da associação com a Aegon.

2020

Em 10 de janeiro, tem início a convenção anual da Mongeral Aegon, com o nome de MAGNEXT, com a presença de mais de 2.500 participantes e que culminou com a mudança da marca da companhia para MAG.

———————

Em 21 de janeiro é nomeado para o Conselho de Administração da Accredito – Sociedade de Crédito Direto S.A., mais uma investida da Associação Comercial.

———————

No dia 28 de fevereiro, falece em São Paulo o sobrinho-neto, Marcio Melani, filho da sua sobrinha Agnes.

A diretoria estatutária da MAG: Helder Molina, Omar Navarini, Nuno David, José Carlos Mota, Raphael Barreto, Luiz Friedheim e o presidente do Conselho Consultivo, Marco Antonio Gonçalves.

Reunião de Natal e também comemoração dos 100 anos de idade de Dona Isaura, mãe de Sara.

Em fevereiro, durante Congresso da Fenacor, recebe das mãos do presidente Armando Virgílio, a comenda do Mérito Fenacor – Federação Nacional dos Corretores de Seguros.

Em 3 de agosto nasce o segundo bisneto. Também filho de Nilton Molina Neto e Maria Ilidia Lima Silva Molina, recebe o nome de Vicente.

Magnext – evento de lançamento da nova marca da Mongeral Aegon, em janeiro, pouco antes da pandemia. Ao fundo, mais de 2 mil colaboradores. Fernando Mota, Helder e Molina.

Helder beija o pai após a palestra dele.

2021

Em 8 de fevereiro é eleito membro do Conselho Superior da Associação Comercial de São Paulo, órgão máximo da governança da entidade.

Em 18 de março, o conselho de Curadores da Fundação Cultural do Exército lhe concede o título de Participante Benemérito.

No dia 4 de abril comemora o 62º aniversário de casamento com Sara, ainda em confinamento pela pandemia do Covid.

E, finalmente, no dia 23 de abril, ainda recluso, comemora o seu 85º aniversário feliz, de bem com a vida, saudável, produtivo e acima de tudo muito otimista.

O futuro: os bisnetos Nico e Vicente, filhos de Nilton Molina Neto e Maria Ilidia Lima Silva Molina

ÍNDICE ONOMÁSTICO

Afonso, Milton Soldani: 109, 111
Afonso, Olavo Gentil: 267
Aguiar, Amador: 31-32, 94-95, 97-98, 100, 110, 157-158, 254, 257
Albuquerque, João Pessoa: 88
Alencar, José de: 19, 52
Almeida, José de: 133-134
Andreazza, Mário: 107
Argeu: 12
Arida, Pérsio: 131
Assad, Nelson Moreira: 267
Assis, Machado de: 19, 52
Avillez, Luís Patrício de Miranda: 267
Azevedo, Aluísio de: 19, 52
Azevedo, Anna: 204
Azevedo, Antonio: 204
Azevedo, Isaura: 204
Azevedo, Jorge: 52

Bacha, Edmar: 131
Balzac, Honoré de: 19
Barreto, Raphael: 297
Bastos, Maria Silvia: 280
Bolsonaro, Jair: 82, 293
Bornhausen, Jorge: 131
Bracher, Fernão: 112-113, 117
Braga ("senhor") 51-52
Braga, Antônio Carlos de Almeida: 31, 93, 95, 101-102, 105, 111, 117, 153, 167, 252, 265, 271
Braga, Kati de Almeida: 117-118, 124, 135, 271-272

Braga, Luís Antonio Almeida: 118
Braguinha: 93, 95-96, 98, 117, 135, 139, 153, 159, 271, 275
Branco, Camilo Castelo: 19
Brandão, Lázaro de Melo: 157, 254
Bujas, Lajos: 49, 220

Café Filho: 77
Calliari, Alcir: 121
Campos, Humberto de: 19
Campos, João Elísio Ferraz de: 266
Campos, Roberto: 77
Capanema, Gustavo: 77
Cappi, Luiz Trabuco: 31-32
Caputo: 12
Cardoso, Fernando Henrique: 82, 104, 119, 122, 131-132, 168, 293
Cardoso, Isauro Ferreira: 137, 267, 271
Cássia (secretária) 11
Collor, Fernando: 29, 104, 118, 120
Coral, Fausto: 176
Coriolano, Márcio: 293-294
Cunha, Luiz Roberto: 295

D'Ângelo, Hélio: 43, 68, 209
David, Nuno: 297
Delgado, Paulo Gabriel Godinho: 295

Diniz, Fantina: 29, 32-33, 39, 41-42, 44, 63, 203-204, 207, 209, 247
Diniz, Julio: 202-203
Diniz, Rosa Giardino: 202-203, 219
Diniz, Vicente: 204
Domingos, Guilherme Afif: 29, 32, 75
Dona Isaura (mãe de Sara): 297
Dostoiévski, Fiodor: 19
Dr Prado: 39
Dumas, Alexandre: 19

Falcão, Marcos: 128, 276, 280
Falleti, Augusto Carlos: 261, 284
Falletti, Renato Molina: 166, 172
Falletti, Ricardo Molina: 166, 171
Fantine: 203
Franco, Gustavo: 131
Franco, Itamar: 118, 120-121, 131
Friedheim, Luiz: 297
Fritsch, Winston: 131
Fuller, Alfred: 54, 58

Galvão, Marcos Pessoa de Queiroz: 267
Glaycon: 11
Godoy, Terezinha: 258
Godoy, Walter: 258
Gonçalves, Marco Antonio: 295, 297
Goulart, João: 85
Guanaes, Nizan: 117

Gudin, Eugênio: 77-78
Guedes, Renato: 65-66, 69, 76, 83, 99-100, 116, 157, 236, 246-247, 253, 288

Haddad, Paulo: 119
Helder (filho de Molina): 12, 16-17, 55, 63, 99, 135, 137-138, 143, 155, 160, 165, 171-172, 174-175, 177-185, 188-190, 227-229, 231-232, 247, 260, 265, 267, 269, 272, 274, 276, 278-279, 292-293, 295-299
Helô (nora de Molina): 172, 276
Hilda (esposa de Renato): 250
Hugo, Victor: 19, 203
Huxley, Aldous: 14

José Jorge: 104-105
Juraci (irmã de Eron): 234

Kandir, Antônio: 132
Kati (filha do Braguinha): 117-118
Kratka, Hermann Hersh: 204, 209
Kratka, Rachel: 204
Kratka, Sara: 204
Kratka, Soll: 204
Krause, Gustavo: 119, 131-132
Kubitschek, Juscelino: 78, 193

Laire (tia de Sara): 225
Laís (amiga de Sara): 226
Larragoiti: 93-94, 153
Lenin, Vladimir: 50
Leoni, Pedro: 46
Levy, Andrea: 270, 295
Levy, Jacques: 146

Lima, Aldo Augusto de Souza: 29, 65-66, 70, 74-75, 83, 236
Lima, Guilhermina Afif de Souza: 29, 75
Lobato, Antonio Carlos: 102, 183, 277
Ludwig, Daniel Keith: 105, 254
Lula: 29, 82, 132, 277, 293

Maciel Marco: 131
Malan, Pedro: 131
Marcelo (neto de Molina): 166, 172, 184-185, 188, 190, 269, 276
Maria Cecília (irmã de Nilton): 39-41, 208
Martinez, Antônio Beltrán: 117, 254
Marx, Karl: 50
Mattos, Antônio Carlos Dantas: 267
Medeiros, José de: 129, 169
Melani, Marcio: 296
Mello, Fernando Collor de: 29, 118
Mendes, Gilmar Melo: 295
Milton (amigo de Sara): 226
Miranda, Oswaldo: 8, 18, 33, 40, 118, 121, 125, 128, 133, 137, 170, 283, 299
Molina, Alonso: 29, 39-41, 48, 202-203, 206, 218, 250
Molina, Fantina: 202
Molina, Francisco: 202
Molina, Helder: 155, 165, 179, 227, 267, 274, 278, 295, 297
Molina, Ignez Fidalgo: 202
Molina, Marcelo Toledo Piza Pieroni: 172
Molina, Natascha Toledo Piza Pieroni: 172

Molina, Natascha: 165
Molina, Nilton: 7, 11, 13, 15, 17-18, 20-22, 27-33, 37-38, 40-47, 49-59, 62-66, 68, 70, 73, 75, 77, 80-81, 83, 85, 88-90, 93, 95, 98, 100-101, 104-105, 109, 112, 116-120, 124-129, 131-135, 137-138, 142-144, 146-147, 152, 155, 163, 165, 167, 169, 171, 173, 176-178, 180-183, 185, 189-190, 200, 202, 204, 208, 211, 220, 222, 250, 254-257, 260-261, 263, 265, 267, 269, 274, 277-279, 285-287, 293
Monica (filha de Molina): 12, 63, 171, 174, 180-184, 187, 189, 231, 251, 261-262, 284-285, 288, 293
Moraes, Pedro Luiz Bodin de: 267
Morais, Décio Lobo de: 75
Mota, Fernando: 12, 66-67, 76, 83, 99-100, 102, 116, 128, 133-137, 142, 145-146, 168, 176-177, 235-236, 241, 246, 248, 250, 253, 260, 262, 280, 283, 298
Mota, José Carlos: 297

Nascimento e Silva: 81-82, 103, 247
Nascimento, Edson Arantes do: 87
Navarini, Omar: 297
Neide (irmã mais velha de Nilton): 39, 41, 49, 204-208, 216, 219-220, 225, 262
Nelson (cunhado de Molina) 49, 216, 225

Neto, Alarico Silveira: 267
Neto, Nilton Molina: 166,
171-172, 279, 295,
297, 300
Netto, Delfim: 77, 89-90
Neves, Tancredo: 112
Nico (bisneto): 300
Nóbrega, Manoel da: 52
Noya, Henrique: 292

Oliveira, Eron Alves de:
53, 58-59, 62-63,
65-66, 73, 76, 146,
227, 229
Oliveira, Renato Rubens
Rocchi Guedes de: 65
Osvaldo (tio de Sara): 225

Passarinho, Jarbas: 90
Paula, Christianne Jalles
de: 37
Pedroso, Décio Pacheco:
32
Pelé: 87-92, 238, 240
Pepe Gordo: 89
Petrelli, Mário: 21-22,
94, 110-111, 121, 139,
153, 161, 167, 170,
252, 260, 266, 269,
280
Pieroni, Heloisa de
Toledo Piza: 260
Piñera, José: 104
Pinochet, Augusto: 104
Póvoas, Manoel: 275

Queirós, Eça de: 19, 52

Ramos, Luiz Carlos:273
Resende, André Lara: 131
Resende, Eliseu: 119
Ricardo (filho de Monica):
186-187, 262, 284
Richer, André: 138-139,
268
Rique (família paraibana):
88
Rossi, Marcos: 286

Rousseff, Dilma: 82, 293

Salles, Maria Yara: 50
Santos, Silvio: 52, 69,
139-140
Sara: 12, 20, 41-43,
46, 49, 54-57,
62-64, 68, 102,
143, 148, 150-151,
165, 167-170, 174,
179-183, 187,
197, 200, 204,
209, 211-212, 218,
220, 222, 224-225,
227-229, 231, 234,
241, 244, 249,
251-252, 258, 260,
265, 268, 275, 281,
283, 295, 297, 299
Sarney, José: 112, 116
Sasso, Alex Eduardo: 279
Sasso, Luis Carlos: 296
Silva, Luiz Gonzaga do
Nascimento e: 81, 247
Silvério, Durval: 61
Silvestre, J.: 62-63
Simonsen, Mário
Henrique: 77, 79, 103,
250
Stangarlini, José Carlos:
279
Stephanes, Reinhold: 104

Taboaço, Ricardo Coelho:
267
Tápias, Alcides: 254
Temer, Michel: 82, 293
Tia Maria (irmã de dona
Fantina): 32, 207
Tolstói, Leon: 19
Trabuco, Luis Carlos: 281
Trindade Filho, Carlos
Alberto de Figueiredo:
124, 127, 267
Trindade, Carlos Alberto:
270-271
Trotsky, Leon: 50
Trussardi, Romeu: 40

Vargas, Getúlio : 23, 37,
193
Veloso, João Paulo dos
Reis: 77
Vicente (bisneto): 171,
297, 300
Vicente (filho de Nilton
Molina Neto): 171,
297, 300
Vieira, Carolina: 295-296
Villani, Agnês: 218-219,
296
Villani, Neide Molina:
219
Villani, Nelson: 216
Villani, Wagner: 219-220

Weltman, Fernando
Lattman: 37

Zacharias, Maria Diniz:
209
Zylberstajn, Hélio: 82,
295

Impressão e Acabamento | Gráfica Viena
Todo papel desta obra possui certificação FSC® do fabricante.
Produzido conforme melhores práticas de gestão ambiental (ISO 14001)
www.graficaviena.com.br